Matthias Förtsch, Friedemann Stöffler

Die agile Schule

10 Leitprinzipien für Schulentwicklung
im Zeitalter der Digitalisierung

verlag

Impressum

Die agile Schule

Matthias Förtsch ist Lehrer und Abteilungsleiter für Schulentwicklung am Evangelischen Firstwald-Gymnasium in Mössingen (Deutscher Schulpreis 2010). Er ist Autor und Referent für die Themen „Digitalisierung und Schulentwicklung" sowie das Konzept „Abitur im eigenen Takt". Gelungene wie misslungene Schulentwicklungsprozesse dokumentiert er unter www.schulentwicklung.blog.

Friedemann Stöffler, Tübingen, ist Studiendirektor i. R., war viele Jahre Abteilungsleiter für Schulentwicklung am Evangelischen Firstwald-Gymnasium Mössingen (Schulpreis 2010) und das Profilfach „Mensch und Medien" zuständig, Herausgeber des Buchs „Abitur im eigenen Takt" ist Leiter des Innovationslabors der Deutschen Schulakademie G-flex – auf dem Wege zum Abitur und Berater und Referent in Schulentwicklungsfragen (siehe auch www.schulentwicklungberatung.de).

2. Auflage 2020
© 2020 AOL-Verlag, Hamburg
AAP Lehrerwelt GmbH
Alle Rechte vorbehalten.

Veritaskai 3 · 21079 Hamburg
Fon (040) 32 50 83-060
Fax (040) 32 50 83-050
info@aol-verlag.de · www.aol-verlag.de

Redaktion: Janine Worg
Layout/Satz: Satzpunkt Ursula Ewert GmbH, Bayreuth

ISBN: 978-3-403-10601-2

Das Werk als Ganzes sowie in seinen Teilen unterliegt dem deutschen Urheberrecht. Der Erwerber des Werkes ist berechtigt, das Werk als Ganzes oder in seinen Teilen für den eigenen Gebrauch und den Einsatz im Unterricht zu nutzen. Die Nutzung ist nur für den genannten Zweck gestattet, nicht jedoch für einen weiteren kommerziellen Gebrauch, für die Weiterleitung an Dritte oder für die Veröffentlichung im Internet oder in Intranets. Eine über den genannten Zweck hinausgehende Nutzung bedarf in jedem Fall der vorherigen schriftlichen Zustimmung des Verlages.

Sind Internetadressen in diesem Werk angegeben, wurden diese vom Verlag sorgfältig geprüft. Da wir auf die externen Seiten weder inhaltliche noch gestalterische Einflussmöglichkeiten haben, können wir nicht garantieren, dass die Inhalte zu einem späteren Zeitpunkt noch dieselben sind wie zum Zeitpunkt der Drucklegung. Der AOL-Verlag übernimmt deshalb keine Gewähr für die Aktualität und den Inhalt dieser Internetseiten oder solcher, die mit ihnen verlinkt sind, und schließt jegliche Haftung aus.

Engagiert unterrichten. Begeistert lernen.

Inhaltsverzeichnis

Anstelle eines Vorworts: Warum dieses Buch? 4

Teil I: Grundlagen
1 Agile Schulentwicklung 9
2 „Begegnung auf Augenhöhe" und das dahinterstehende Menschenbild 15
3 Instrumente der Schulentwicklung 19
4 Vergleich: Buchdruck und Digitalisierung als Motoren der Schulentwicklung 34
5 Die zukunftsfähige Schule – Was muss sie leisten? 42

Teil II: Leitprinzipien der Schulentwicklung
1 Nur aus Chaos kann neuer Kosmos entstehen 49
2 Alles Gute kommt von unten 58
3 Nicht in Gremien denken 61
4 Was nicht einfach geht, geht einfach nicht 66
5 Man kann gegen den Wind segeln, nicht aber ohne Wind 71
6 Jedes Wasser ohne Zufluss fängt an zu stinken 75
7 Belastung und Entlastung müssen ausgeglichen sein. ... 79
8 „Das geht bei uns nicht" – K.-o.-Argumente entlarven und überwinden 84
9 Nicht in Begrenzungen, sondern in Möglichkeiten denken 91
10 Das Ziel im Blick: Weniger ist mehr. Was bedeutet das Pareto-Prinzip für die Schulentwicklung? 94

Teil III: Umsetzung und Ausblick
1 Beispiel: Schulentwicklungsprozess zum „Zeitgemäßen Lernen" 99
2 Exkurs: Demokratie wagen 123
  Nachbemerkung 128

Anhang
Tabellarische Übersicht zur Planung des Schulentwicklungsprozesses „Zeitgemäßes Lernen" 129
Kopiervorlage: Einführung in das iPad als Arbeitsmittel 133

Bildnachweise 136

Anstelle eines Vorworts: Warum dieses Buch?

2010 wurde das Evangelische Firstwald-Gymnasium in Mössingen einer der Preisträger des Deutschen Schulpreises – damals als einziges Gymnasium und als einzige Schule aus Baden-Württemberg. Wir bekamen den Sonderpreis der Akademie für die „Schulentwicklung" der Schule.

Aus der Begründung für die Preisverleihung:
„Was Eltern von einem guten Gymnasium erwarten, das ist am Evangelischen Firstwald-Gymnasium Mössingen selbstverständlich [...]. Seit einigen Jahren, aus einer Bestandskrise heraus, erweitert die Schule in produktiver Unruhe, durch entschiedene Führung und mobilisierende Partizipation die pädagogischen Mittel und Wege, Kinder und Jugendliche tüchtig zu machen für die stürmischen Zeiten der Globalisierung. Es gibt ein mehrjähriges Methodentraining, ein Ganztagskonzept, einen Profilbereich ‚Mensch und Medien' [...].
Die Antwort der Schule auf den Wandel der Lebenslagen der Kinder und der Bedürfnisse der Familien geht indessen noch viel weiter: Die Wiedereröffnung des Internats, das „Aufbaugymnasium", das Absolventen der Realschule eine dreijährige Oberstufe bietet, und vor allem die neu gegründete Grundschule mit jahrgangsübergreifenden Lerngruppen lassen die Schule gleichsam über sich hinauswachsen – zu Perspektiven und Entwicklungsaufgaben für morgen. Der Weg des Firstwald-Gymnasiums ist zukunftsweisend für Schulentwicklung: für einen inneren und äußeren Umbau, der sich ergibt, wenn die Lernwege der Kinder und Jugendlichen vom Beginn der Schule bis zu ihren Abschlüssen auf die bestmögliche Förderung jedes Einzelnen ausgerichtet ist."[1]

Im Laufe der letzten Jahre kamen weitere Entwicklungsschritte hinzu. Zwei Punkte seien beispielhaft erwähnt: Entwicklung des Konzepts „Abitur im eigenen Takt"[2] in einem Schullabor der Deutschen Schulakademie und zurzeit der Prozess „Zeitgemäß Lernen"[3] – als Antwort auf die Herausforderung der Digitalisierung.

Vielfach angefragt auch zu Vorträgen im gesamten deutschsprachigen Raum und auch durch Gespräche mit Hospitierenden an unserer Schule haben wir als

---

[1] Deutscher Schulpreis: www.deutscher-schulpreis.de/preistraeger/evangelisches-firstwald-gymnasium, (02.08.2019).
[2] Näheres zu diesem Konzept ist zu finden unter Stöffler/Förtsch „Abitur im eigenen Takt Die flexible Oberstufe zwischen G8 und G9" Beltz Verlag 2014.
[3] Näheres dazu vgl. Teil III, 1 „Beispiel: Schulentwicklungsprozess zum Thema ‚Zeitgemäßes Lernen'".

Verantwortliche für die Schulentwicklung am Firstwald-Gymnasium dabei folgende Rückmeldung erhalten: Neben allen besonderen Leistungen und guten Ideen ist es eigentlich etwas anderes, was viele als Impuls mitnehmen: nämlich die Form, wie wir Schulentwicklung verstehen und gestalten.

Es sind die Prinzipien und die dabei gewachsene Praxis der Schulentwicklung, die unsere Schule so erfolgreich gemacht haben.

Viele Schulen stehen vor der Herausforderung der Digitalisierung und sehen die Notwendigkeit, auf diese Herausforderungen eine Antwort zu finden. Dabei wird aus unserer Sicht oft viel zu schnell die Frage nach der Technik und der technischen – und finanziellen – Umsetzung gestellt. Unser Ansatz dabei war und ist, das Augenmerk in allererster Linie auf die dabei zu berücksichtigenden Prozesse zu richten: Wie können alle am Schulleben Beteiligten mit ihren Ängsten und Bedenken, aber auch mit ihrer Energie und ihren Erfahrungen mitgenommen werden?

Wir sind der festen Überzeugung: Ohne diese Prozesse und ohne wirkliche Beteiligungsstrukturen kann Schulentwicklung und Organisationsentwicklung insgesamt nicht nachhaltig gelingen.

Wie dieses Vorhaben ganz praktisch funktionieren kann und welches Denken dahintersteckt, wird in diesem Buch entfaltet.

Was man von diesem Buch (nicht) erwarten darf

1. Wir wissen nicht, wie die Schule der Zukunft aussehen wird, aber wir müssen sie gemeinsam gestalten.

Wir wissen heute nicht, welche Form der Digitalisierung es für Schulen in 20, zehn – ja nicht einmal in fünf Jahren geben wird. Wir wissen nicht, wie sich Schulen und das Lernen bis dahin verändert haben, deshalb brauchen wir eine Schule, die sich auf Prozesse der Veränderung und Entwicklung in der Gesellschaft und in der immer digitaler werdenden Welt einlassen kann und Antworten gibt. Deshalb braucht es Strukturen einer sich laufend entwickelnden Schule: „Schola semper reformanda est." Die Schule muss sich immer wieder reformieren (frei nach Martin Luther[4]) und flexibel auf Veränderungen reagieren. Wer sich nicht proaktiv bez. „agil" auf diesen Gestaltungsprozess der Schule

---
[4] „Ecclesia semper reformanda est" (Die Kirche muss immer reformiert werden.) wird immer wieder und an vielen Stellen als einer der wesentlichen Grundsätze der Reformation auch bei Martin Luther und anderen Reformatoren verwendet, auch wenn die Quellenlage dazu nicht ganz eindeutig ist.

einlässt, wer selbst keine Idee vom Lernen im 21. Jahrhundert entwickelt oder sich von anderen Ideen inspirieren lässt, wird erleben, wie andere die Leitlinien für die Schule der Zukunft vorgeben: Schulverwaltungen von oben oder aber Global Player, d. h. Firmen, die an der Digitalisierung gut verdienen.

2. Dies ist kein wissenschaftliches Buch, sondern ein Buch aus der Praxis für die Praxis.

Wir erheben nicht den Anspruch, ein wissenschaftliches Buch geschrieben zu haben. An manchen Stellen wird auf den wissenschaftlichen Diskurs zu einem Thema verwiesen, aber wir wählen nicht die Form eines akademischen Buchs, das wissenschaftliche Begründungszusammenhänge darstellt und auf eine theoretisch-wissenschaftliche Diskussion über Schulentwicklung eingeht.

Dieses Buch ist aus der Praxis entstanden und wurde für die Praxis geschrieben. Wir spüren dabei, dass manche der Leitprinzipien für viele Schulen – und eben nicht nur für Schulen, sondern für fast alle Organisationen – Impulse geben können und wollen. So sind manche der Überlegungen durchaus auch sinnvoll in einem wissenschaftlichen Diskurs über Schulentwicklung eingebettet. Wir sind auf viele Begründungszusammenhänge nicht eingegangen, weil wir die Praxis, Praktizierende und diejenigen, die andere auf dem Weg zur schulischen Realität begleiten wollen, im Blick haben. Auf dieser Basis ist auch unser Verständnis von „Agilität" einzuordnen.[5]

3. Digitalisierung: Nicht die Technik im Blick, sondern die zu gestaltenden Prozesse

Wer in diesem Buch eine Liste zur Technikausstattung für seine Schule finden möchte, wird enttäuscht werden, obwohl durchaus dargestellt wird, wie eine solche Technikausstattung aussehen kann. Aber darauf liegt nicht unser Hauptaugenmerk, sondern darauf, welche Prozesse auf Schulen zukommen, wenn sie sich auf den Weg machen, sich mit der Frage der Digitalisierung zu beschäftigen und Digitalisierung in ihrer Schule zu gestalten – und wir sind der Überzeugung, dass sich alle Schulen auf diesen Weg machen werden. Dabei kann es weder um eine Technik ausgrenzende Herangehensweise noch um eine Technikeuphorie gehen, sondern es muss differenzierte Antworten geben auf die Herausforderungen, die uns die Gesellschaft in Zukunft stellen wird, und für die-

---

[5] Näheres dazu finden Sie im Teil I, 1 „Agile Schulentwicklung".

sen Prozess müssen alle Beteiligten des Schullebens kommunikativ eingebunden sein: Alle Schülerinnen und Schüler, Lehrkräfte, Eltern, Träger, Hausmeister, die Hauswirtschaft, die Kommune und sonstige Partner der Schule.

4. Kein festes Bild von Schule, aber der Anspruch, dass Schule alle beteiligen muss

Das Firstwald-Gymnasium ist keine Schule mit reformpädagogischem Anspruch, keine Schule mit einer besonderen elitären Schülerauswahl, sondern mit einer für eine evangelische Privatschule relativ durchschnittliche Schülerschaft. Deshalb wird in dem Buch auch kein bestimmtes Konzept von Schule vertreten, sondern der Anspruch, dass alle sich in die für die Schule wichtigen Prozesse einbringen können, beim Unterricht und seiner Gestaltung, bei der technischen Ausstattung und bei Schulentwicklungsprozessen.

5. Schulentwicklung systemisch gefasst

Man wird in diesem Buch viele gute Ideen finden, wie Schulentwicklung organisiert wird und wie die dafür notwendigen Denkweisen und Leitprinzipien entwickelt werden. Wer hier konkrete Visionen einer Schule erwartet, wird sie kaum finden, nicht weil wir sie nicht haben, sondern weil wir den Prozess beschreiben wollen, wie eine Vision erarbeitet und umgesetzt werden kann. So können und sollen sich alle auf den Weg machen, Neues zu entdecken, zu entwickeln und Innovation zu ermöglichen – unabhängig vom Schultyp, vom inhaltlichen Ansatz und letztlich sogar unabhängig davon, ob es um Schule, Firma, Kirche oder eine sonstige Organisation geht.

Wir wünschen Ihnen viel Vergnügen beim Lesen und freuen uns, wenn Sie sich durch die eine oder andere Position herausgefordert fühlen. Nur so entsteht manchmal neue Energie.

Herzlich bedanken möchten wir uns

- bei unseren Ehefrauen Irmgard und Julia für jegliche Unterstützung, insbesondere bei Rahel Croll, für wertvolle Hinweise beim Korrekturlesen.
- bei den Mitarbeitenden des AOL-Verlags, die uns in der Erstellung dieses Buchs begleitet und unterstützt und das Potenzial dieses hier vertretenen Ansatzes gesehen haben.

Anstelle eines Vorworts: Warum dieses Buch?

- bei Pfarrer Karlfriedrich Schaller, der Friedemann Stöffler mit seiner Art, Gemeinde zu führen, sehr inspiriert hat. Die Leitprinzipien 2 und 4 sind von ihm nicht nur inspiriert, sondern wörtlich übernommen worden.

- bei der Deutschen Schulakademie, dem Deutschen Schulpreis und der Robert-Bosch-Stiftung und vielen Menschen, denen wir dabei begegnet sind, die uns durch Tagungen, Gespräche und Hospitationen inspiriert und Raum für Inspiration gelassen haben.

- beim immer größer werdenden Netzwerk der auf Twitter® mit uns verbundenen Kolleginnen und Kollegen, Medienpädagoginnen und -pädagogen, Professorinnen und Professoren sowie Bildungsjournalistinnen und -journalisten.

- ganz besonders beim Schulleiter des Evangelischen Firstwald-Gymnasiums in Mössingen, Helmut Dreher, der durch seine Form der Führung, seine Art, mit Mitarbeiterinnen und Mitarbeitern umzugehen und Entfaltungsraum zu eröffnen, dieses Denken nicht nur unterstützt, sondern erst ermöglicht hat. Ihm verdanken wir insbesondere das, was er immer wieder formuliert und lebt: die „Begegnung auf Augenhöhe" (vgl. Teil I, 2).

- beim Kollegium des Firstwald-Gymnasiums, das so manche Irrwege mitgegangen ist, gemeinsam mit uns wieder aus diesen herausgefunden hat und dabei immer wieder die Bereitschaft gezeigt hat, Veränderung zu ermöglichen und aktiv mitzugestalten. Es sind die Menschen und deren Begegnungen, die Organisationen prägen.

Matthias Förtsch und Friedemann Stöffler

Teil I: Grundlagen

1 Agile Schulentwicklung

In der Literatur zur Organisationsentwicklung – aber inzwischen auch zur Didaktik – ist der Begriff „Agilität" in den letzten Jahren sehr präsent geworden[6]. Dieser Abschnitt hat zum Ziel, den Begriff zu klären und zu erläutern, welche Elemente Teil einer agilen Schulentwicklung sein können.

Zur Geschichte: Der Begriff der Agilität ist zurzeit im Managementbereich in aller Munde und zu einem Modewort geworden, um verkrustete Strukturen aufzubrechen und kundenorientiert, flexibel und weniger hierarchisch zu agieren. Auch im Bereich von Bildung und Schule wird der Begriff in der Zwischenzeit verwendet. Wir haben nicht über den Begriff einer agilen Schulentwicklung nachgedacht und diese dann für uns entfaltet. Wir kannten – als wir mit unserer Art, Schule zu entwickeln, begonnen haben – diesen Begriff kaum.

Wir haben ihn jedenfalls nicht mit unserer Methode und unseren Instrumenten der Schulentwicklung in Verbindung gebracht. Als wir aber mit dem Schreiben begannen, haben wir in Gesprächen auf einmal gespürt: Eigentlich fasst der Begriff der „Agilität" im Wesentlichen, wie wir Schulentwicklung betreiben. Im Folgenden wollen wir erklären, was wir unter „agiler Schulentwicklung" verstehen.

Was versteht man grundsätzlich unter Agilität?

Agilität könnte näherungsweise als „höchste Form der Anpassungsfähigkeit"[7] bezeichnet werden. Eine Organisation handelt dann agil, wenn sie antizipativ, flexibel, initiativ und proaktiv auf Veränderungen reagiert. In Zeiten immer schnellerer Entwicklungszyklen muss ein Unternehmen schnelle Lösungen für Probleme finden, um am Markt weiter bestehen zu können. Klassische Organisationsstrukturen waren prozessorientiert (z. B. Abläufe in der Automobilindustrie) oder projektorientiert (z. B. Bauunternehmen). Diese stärker hierarchisch

---

[6] Vgl. z. B. Arn, Christoph: Agile Hochschuldidaktik. Beltz Juventa, 2016; Häusling, Andre: Agile Organisationen – Transformationen erfolgreich gestalten. Haufe, 2017.

[7] Fischer, Stephan: Agilität als höchste Form der Anpassungsfähigkeit, www.haufe.de/personal/hr-management/agilitaet-definition-und-verstaendnis-in-der-praxis_80_405804.html (15.10.2018).

geprägten Strukturen können in einer vom Wandel geprägten Arbeitswelt nicht mehr mithalten.

Der Begriff Agilität kommt aus der Systemtheorie der Organisationen (Talcott Parsons), wurde aber in jüngster Zeit von der Softwareentwicklung adaptiert, weil gerade in diesem Bereich agiles Arbeiten notwendig ist. Dies zeigt sich an den vier wesentlichen Merkmalen agilen Arbeitens in der Praxis:
- zunehmende Geschwindigkeit
- erhöhte Anpassungsfähigkeit
- Kundenzentriertheit
- agile Haltung

Die agile Haltung – Das agile Mindset

Die ersten beiden Punkte verweisen darauf, dass Organisationen zeitnah auf Veränderungen reagieren können. Der dritte Punkt verweist auf eine Form des agilen Arbeitens, bei dem kurze Planungszyklen die Norm sind und Prototypen direkt mit dem Kunden besprochen werden, dieser also direkt in die Produktentwicklung eingebunden ist. Die agile Haltung als letzter Punkt umfasst das Verhalten aller Mitarbeiter in diesem Setting. Ein Beispiel wäre ein von Vertrauen geprägter Führungsstil, der auf die Eigenverantwortung der Mitarbeiter setzt, denn Entscheidungen sollten dort getroffen werden, wo das Wissen ist.[8]

Und wie sieht die Umsetzung in einer „agilen Schulentwicklung" konkret aus? Vielleicht ist es zunächst einfacher zu beschreiben, wie der Gegenpol einer agilen Schulentwicklung aussieht.

Nicht agile Schulentwicklung

Eine nicht agile Schulentwicklung wäre eine Schule, in der Entwicklung komplett in geordneten Bahnen verläuft, wo vollkommen klar ist, wer wofür zuständig ist, alles in Ordnungen geregelt und mit klaren Zuständigkeiten, wo jeder einen klar begrenzten Rahmen der Verantwortlichkeit hat und es wenig Über-

---

[8] Vgl. Prof. Dr. Fischer, Stephan et al.: Agilität als höchste Form der Anpassungsfähigkeit, www.haufe.de/personal/hr-management/agilitaet-definition-und-verstaendnis-in-der-praxis_80_405804.html (12.08.2018).

schneidungen der Zuständigkeiten gibt[9], also Schulentwicklung mit Organigrammen und klaren Hierarchien.

Der Gegensatz zur Agilität ist der „Dienst nach Vorschrift": Interessanterweise wird dieser Begriff auch verwendet als eine andere Form des Streiks. Das heißt aber auch, wo etwas gestaltet und bewegt werden soll, wo es um Weiterentwicklung geht, da kann es keinen Dienst nach Vorschrift geben, sondern Leben und Veränderung in allen Organisationen geschieht da, wo es über die Vorschriften hinausgeht, wo Regelungen mit Leben gefüllt werden, wo jede und jeder sich einbringen kann, die oder der fürs große Ganze denkt.

Aus den Grundsätzen der Agilität hat sich ein Manifest agiler Werte herausgebildet, das aus der Softwareentwicklung stammt. Bei der Durchsicht dieser Zielsetzungen fanden wir erstaunliche Parallelen zu unserer konkreten Arbeit an der Schule[10]:

Manifest für agile Softwareentwicklung

Wir erschließen bessere Wege, Software zu entwickeln, indem wir es selbst tun und anderen dabei helfen. Durch diese Tätigkeit haben wir diese Werte zu schätzen gelernt:

> 1. Individuen und Interaktionen mehr als Prozesse und Werkzeuge
> 2. Funktionierende Software mehr als umfassende Dokumentation
> 3. Zusammenarbeit mit dem Kunden mehr als Vertragsverhandlung
> 4. Reagieren auf Veränderung mehr als das Befolgen eines Plans
>
> Das heißt, obwohl wir die Werte auf der rechten Seite wichtig finden, schätzen wir die Werte auf der linken Seite höher ein. (Nummerierung durch den Verfasser)

---

[9] Wir alle schätzen Strukturen, in denen klar ist, wer wofür zuständig ist. Das schafft Transparenz und Einfachheit, was dabei aber verloren geht, ist das Potenzial an Kreativität. Das wird näher erläutert unter Teil II, 1 „Nur aus Chaos kann neuer Kosmos entstehen".

[10] http://agilemanifesto.org/iso/de/manifesto.html (28.10.2019)

Was aber verstehen wir dann – in Anlehnung an das Manifest – unter agiler Schulentwicklung?

1. **Individuen und Interaktionen sind wichtiger als Gremien und hierarchische Struktur.**
   Das hat ganz konkrete Auswirkungen auf die Bedeutung von Gremien (vgl. Teil II, 3) und die „Begegnung auf Augenhöhe", das damit verbundene Menschenbild, wie Leitung geschieht (vgl. Teil I, 2) und auf die Instrumente der Schulentwicklung (vgl. Teil I, 3).

2. **Das Funktionieren des Schullebens ist wichtiger als umfassende Dokumentation.**
   Statt dem Glauben an Protokolle und umfassende Dokumentationen (vgl. Teil II, 4 „Was nicht einfach geht, geht einfach nicht") sind uns gelungene Projekte wichtiger, wo möglichst alle sich einbringen, und gemeinsames Feiern und damit Rahmenbedingungen für gelingendes Lernen.

3. **Zusammenarbeit mit allen am Schulleben Beteiligten ist wichtiger als Regelungen und Zuständigkeiten.**
   Alle sollen sich in Schulentwicklungsprozesse einbringen können. Das ist uns wichtiger als klare Strukturen, wer wo für was verantwortlich ist und welche Entscheidungsbefugnis hat (vgl. Teil I, 3 „Instrumente der Schulentwicklung" und Teil II, 2 „Alles Gute kommt von unten").

4. **Reagieren auf Veränderung ist wichtiger als das Befolgen eines Plans.**
   Eine Vision von Schule ist wichtig, vor allem sind Visionäre wichtig, die immer wieder ihre Vision von Schule ins Spiel bringen. Wer aber zu langfristig und zu starr an Zielen und festen Plänen festhält, kann nicht flexibel genug auf Veränderungen in Gesellschaft und Schule reagieren – sowohl bei den handelnden Menschen als auch bei den technischen Möglichkeiten (vgl. Teil III, 1).

Design-Thinking als agile Methode

Als eine typische agile Methode soll an dieser Stelle noch das Design-Thinking angeführt werden, denn Elemente dieses Ansatzes durchziehen das gesamte Buch, ohne explizit diesem zugeordnet zu werden. Wie unschwer an der Bezeichnung zu erkennen, orientiert sich dieser Ansatz an dem Vorgehen in der Designerbranche. Schwerpunkt ist die Lösung eines Problems oder einer komplexen Fragestellung, z. B. in der Entwicklung eines Produkts. Der Ausgangspunkt sind die Bedürfnisse der Nutzer, für die die Lösung entwickelt wird – was für eine tolle Perspektive für das System Schule, wenn die Schülerinnen und Schüler der Ausgangspunkt sind!

Der Prozess lässt sich in verschiedene Phasen aufteilen, die in etwa so an der „HPI School of Design Thinking" in Potsdam gelehrt werden:
- Phase 1: Problemfeld verstehen: Wo tritt es auf? Wie ist das Umfeld?
- Phase 2: Empathie aufbauen: Welche Zusammenhänge gibt es?
- Phase 3: Nutzerperspektive erfassen: Das Thema aus dieser Perspektive verstehen lernen
- Phase 4: Ideen sammeln: Möglichst breit gefächert, jede Idee ist willkommen (Quantität)
- Phase 5: Prototypen bauen: Ideen werden visualisiert, Qualität wird wichtig
- Phase 6: Prototypen testen

Dabei sind diese Phasen nicht statisch, sondern der Prozess ist iterativ und einzelne Phasen können auch wiederholt werden. Unter Prototypen kann man natürlich nicht nur Produkte verstehen, sondern auch Ideen zur Entwicklung der Schule. Das Team, das diesen Prozess gemeinsam durchläuft, ist dabei bewusst multidisziplinär und heterogen zusammengestellt: Je mehr Perspektiven, desto besser die Lösung.[11]

Genau wie in diesem Buch finden sich in der Literatur zum Design-Thinking Haltungen und Prinzipien, z. B. sind diese zu finden, die die Zusammenarbeit im Team prägen:

---

[11] Weiterführend dazu: Hopp-Foundation: Design Thinking in der Schule, umfassende Materialsammlung zur Schulentwicklung und speziell zur Unterrichtsentwicklung (www.hopp-foundation.de/design-thinking/design-thinking-in-der-schule.html; 28.10.2019).

Gib deinen Titel an der Tür ab.[12]
Bau auf Ideen anderer auf.
Traue dich, Verrücktes zu denken.[13]
Denke menschzentriert.[14]
usw.

Design-Thinking ist also ein Ansatz, der sich durchaus auf andere Systeme als die Designerbranche übertragen lässt und inzwischen große Verbreitung gefunden hat. Das System Schule ist bisher allerdings noch relativ unberührt von dieser Entwicklung. Dabei könnte eben dieses von der ergebnisoffenen Herangehensweise und dem Mut, einem kreativen Team den nötigen Freiraum zu lassen, profitieren. Wichtig ist dabei immer, dass die Ergebnisse, die manchmal auch nur Zwischenschritte (Prototypen) sind, akzeptiert werden. Wer so denkt, der kann Scheitern immer auch als Chance sehen.

---

[12] Ähnlich zur „Begegnung auf Augenhöhe", welche noch thematisiert wird.
[13] Ähnlich zum Segeln gegen den Wind, das noch thematisiert wird.
[14] Ähnlich zu „Alles Gute kommt von unten", was noch thematisiert wird.

2 „Begegnung auf Augenhöhe" und das dahinterstehende Menschenbild

Der Führung kommt in einer agilen Organisation eine Schlüsselrolle zu, da einsame Entscheidungen den komplexen Anforderungen oftmals nicht mehr gerecht werden. Wie lebt man eine flache Hierarchie? Wie erreicht man, dass alle motiviert sind, sich mit ihren Gaben einzubringen?

Das Menschenbild

Zunächst scheint es wichtig, sich über das Menschenbild, das hinter unserem Handeln steht, klar zu werden. Zwei Aspekte („Grundaxiome") sind für uns dabei besonders wichtig:

1. Jeder Mensch ist mit einer unvergleichlichen Würde und Kreativität ausgestattet. Wir verlieren also wesentliche Potenziale schöpferischen, kreativen Handelns, wenn wir darauf verzichten, die Gedanken, Überlegungen, aber auch die Kritik jedes Einzelnen ins Spiel zu bringen – und das gilt für alle, die sich beteiligen wollen. Jeder Mensch hat die Möglichkeit und die Aufgabe, schöpferisch zu handeln, kreativ zu sein. Und diese Kreativität gilt es freizusetzen (vgl. hierzu Teil II, 1 „Nur aus Chaos kann neuer Kosmos entstehen").
2. Jeder Mensch ist fehlerhaft und damit auf Korrektur der anderen angewiesen. Diese Grundeinstellung hat zur Folge, dass wir das Korrektiv der anderen brauchen, dass Hinterfragen oder Infragestellen für unser gemeinsames Weiterentwickeln essenziell sind.[15]

Wogegen wir uns damit zunächst wenden

In hierarchisch geprägten Strukturen wird davon ausgegangen, dass die übergeordnete Behörde es eigentlich besser weiß und schon für die anderen stellvertretend richtig entscheiden wird. Häufig wird dann damit argumentiert:

---

[15] Aus Autorensicht gründen sich diese Axiome auf christlichen Wertvorstellungen (siehe Genesis 1 „Jeder Mensch ist Gottes Ebenbild – und nicht nur Pharaonen – wie in den ägyptischen Schöpfungsmythen.", „Jeder Mensch ist Sünder."). Natürlich können diese Grundannahmen aber auch mit einem humanistischen oder anders weltanschaulich geprägten Menschenbild sicherlich problemlos nachvollzogen werden. Letztlich geht es darum zu begründen, dass, von welchem Menschenbild auch immer herkommend, wir die Kreativität und Fehlerhaftigkeit als wesentlichen Teil des Menschen verstehen.

Habt doch Vertrauen in die Schulleitung, die wird das schon richtig entscheiden – und wer eine Frage stellt, wer gar Kritik äußert oder eigene Verbesserungsvorschläge macht, dem wird in hierarchisch denkenden Organisationen oft sogar Destruktivität unterstellt.

Kritisches Nachfragen ist in einem solchen Denken eine Störung der normalen Abläufe. Eine Person, die sich so einbringt, wird als Querulant oder Störenfried oft zum Schweigen gebracht oder es wird zumindest der Versuch unternommen, ihn oder sie zum Schweigen zu bringen. Hier ist ein komplettes Umdenken gefordert.[16]

„Begegnung auf Augenhöhe"

Diese beiden Grundaxiome führen letztlich zu dem Grundsatz der „Begegnung auf Augenhöhe". Wer sich diesem Menschenbild verpflichtet fühlt, der wird der anderen Person auf Augenhöhe begegnen.

Der jüdische Religionsphilosoph Martin Buber hat dazu die Grundlagen geliefert: Nur im Miteinander mit anderen kann ich mich wirklich entfalten. Nur in der Begegnung mit dem Du werde ich zum Ich. „Alles wirkliche Leben ist Begegnung"[17], lautete sein Grundsatz. Und die Frage dabei ist, wie ich diesen Grundsatz im Schulalltag umsetze.

Rolle der Schulleitung

Eine Schulleitung, die sich in der Führungsarbeit am oben skizzierten Menschenbild und den Grundsätzen Martin Bubers orientiert und versucht, die Begegnung auf Augenhöhe zu leben und zu gestalten, könnte folgendes konkretes Schulleitungshandeln zeigen[18]

1. Im Gespräch bleiben: Die Schulleitung ist präsent im Lehrerzimmer. Es gibt eine Sitzecke, wo Probleme angesprochen werden, wo gescherzt und Kaffee getrunken wird.

---

[16] Aus Autorensicht war es deshalb ein Fehler, in Staat und Kirche – sowie in der Schule – ein streng hierarchisches Prinzip einzuführen.
[17] Buber, Martin: Das Dialogische Prinzip. Ich und Du, S. 15, 5. Auflage Heidelberg 1984.
[18] So wird es am Firstwald-Gymnasium Mössingen gehandhabt.

2 „Begegnung auf Augenhöhe" und das dahinterstehende Menschenbild

2. Die Schulleitung hat ihr Zimmer neben dem Lehrerzimmer, die Tür ist (fast) immer offen für das Gespräch – nicht nur mit Kolleginnen und Kollegen, sondern auch mit Schülerinnen und Schülern und den Eltern.
3. Konfliktgespräche werden zeitnah geführt.
4. Das „Du" zwischen Lehrkräften und Schulleitung begünstigt die Begegnung auf Augenhöhe.
5. Die Schulleitung lebt eine Kultur des Vertrauens, des Zutrauens, aber auch des Zumutens, dass jede und jeder sich einbringen kann und soll, aber auch, dass man dabei die Schulleitung unterstützend im Rücken hat und nicht in allen Punkten jeweils fragen muss, sondern selbstverantwortlich handeln kann und soll.
6. Die Schulleitung holt sich regelmäßig Feedback zu ihrer Arbeit ein und sagt, wie sie darauf reagieren will.
7. Wertschätzung und Dank sind Formen ehrlicher und authentischer Begegnung.

Ein Bild, das Helmut Dreher (der Schulleiter des Evangelischen Firstwald-Gymnasiums) immer wieder verwendet, ist das der Gänse im Formationsflug. Diese Tiere fliegen so, dass sie möglichst wenig Energie verbrauchen. Jede Gans fliegt einmal vorne im Wind. Als Gruppe kommen sie so viel weiter. Auch die Schulleitung kann so einmal „im Windschatten fliegen" und sich darüber freuen, dass andere im Wind fliegen, Verantwortung übernehmen. Durch den ständigen Dialog vertraut sie dem Mitarbeiter oder der Mitarbeiterin, der oder die vorne fliegt. Stürzt eine Gans ab, so bleiben einige Gänse zurück, um die verletzte Gans wieder an die Gruppe heranzuführen (oder bleiben so lange bei ihr, bis sie stirbt). Schulleitungen, die Mitarbeitern in schwierigen (oder wichtigen) Situationen entgegenkommen, können damit rechnen, diese Geste in anderer Form doppelt zurückgezahlt zu bekommen.[19]

---

[19] Wer sich vertieft mit dem Thema Augenhöhe beschäftigen möchte: https://augenhoehe-film.de (28.10.2019).

3 Instrumente der Schulentwicklung

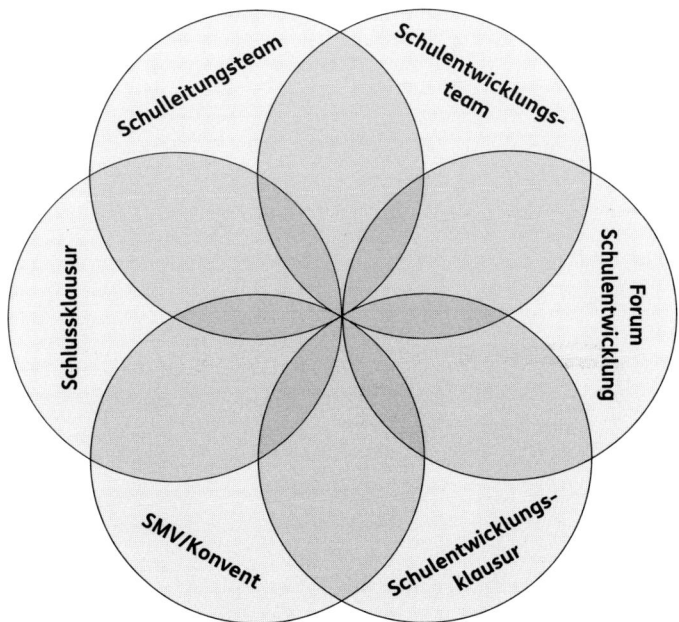

1. Das Schulleitungsteam

So absurd es auch klingen mag: Relativ viele Schulen werden immer noch nur von einer Schulleitung mitsamt Stellvertretung geführt. Jetzt könnte man einwerfen, dass es eben nicht an jeder Schule ausreichende weitere Funktionsstellen gäbe, um weitere Kolleginnen und Kollegen in ein breiter aufgestelltes Schulleitungsteam zu holen. Aber kann dies wirklich das entscheidende Argument sein, auf diese Expertise zu verzichten?

Ein Schulleitungsteam könnte z. B. aus Schulleitung, Stellvertretung, Abteilungsleitungen oder Fachbereichsleitungen bestehen. Es lohnt, das Team gezielt zusammenzustellen, um möglichst viele Kompetenzen und Denkweisen abzudecken (Detailarbeiter und Visionärinnen, Naturwissenschaftlerinnen und Geisteswissenschaftler usw.). Dabei ist es sinnvoll, in einem gemeinsamen Teambuildingprozess sich den jeweiligen Stärken der Personen bewusst zu werden.

Eine Bemerkung am Rande: Wer verantwortet Schulentwicklung? Wer gestaltet die Schulentwicklung? An vielen Schulen ist dieser Posten des „Schulentwicklers" nicht besetzt und wird nebenbei von der Schulleitung oder der Stellvertretung betrieben. Uns scheint es aber von eminenter Bedeutung zu sein, diese Rolle der Schulentwicklung von mindestens zwei Kolleginnen und Kollegen, die nicht gleichzeitig die Position der Schulleitung im engeren Sinne bekleiden, betreiben zu lassen. Es geht, wie wir an verschiedenen Stellen zeigen werden, darum, hier Prozesse zu steuern und zu moderieren, die eine Schulleitung nicht gut gleichzeitig einnehmen kann, weil er oder sie eine andere Rolle im System der Schule hat.

Ein sinnvolles zeitliches Setting für ein solches Schulleitungsteam ist ein wöchentlicher Treff, z. B. einstündig, zu Beginn der Woche. In einer solchen Runde können Anliegen aus dem Kollegium, Personalentscheidungen, Schulentwicklungsfragen und konkrete organisatorische Dinge diskutiert und festgelegt, aber auch Lehrerkonferenzen vorbereitet werden. Für die konzeptionelle Arbeit braucht es darüber hinaus aber auch längere Schulleitungsteamsitzungen, um gemeinsame Konzepte zu entwickeln. Ein solches Team lässt sich dann erfolgreich zusammenstellen, wenn alle Mitglieder das Gefühl haben, gehört zu werden, mit ihren Anliegen durchzukommen, selbst Themen setzen können, alle für die Arbeit relevanten Informationen erhalten und Vertrauen spüren, wenn sie Beschlüsse dann umsetzen (vgl. Teil I, 3 „Begegnung auf Augenhöhe").

An unserer Schule gibt es eine gemeinsame Datei in Form einer Tabelle, auf die alle Schulleitungsteammitglieder (Schulleitung, Stellvertretung, zwei Abteilungsleitungen, Internatsleitung) Zugriff haben und so alle ihre Themen hinzufügen können. Die Priorisierung nimmt dann die Schulleitung vor. Die Tabelle sieht so aus:

Was	**Wer**	**Bis wann**	**Priorität**	**Ergebnisse**

„Was" meint das Thema. In Klammern wird das Kürzel desjenigen notiert, der das Thema auf die Agenda gesetzt hat. „Wer" meint denjenigen, der für die Umsetzung verantwortlich ist. „Bis wann" ist selbsterklärend. Die Priorität bezieht sich auf die Bedeutung des Prozesses und sie wird von der Schulleitung festgelegt. Unter „Ergebnisse" werden die Beschlüsse notiert und in einem gesonderten Tabellenblatt gesammelt zum späteren Nachhalten. Es ist also kein komplexes Projektmanagement, eher eine Form der flexiblen, für alle zugänglichen To-do-Liste.

2. Das Schulentwicklungsteam (Steuergruppe)

Fast jede Schule hat eine Art Steuergruppe, deren Mitglieder mehr oder weniger freiwillig an der Entwicklung der Schule mitwirken. Steuergruppen haben oft einen Auftrag von der Lehrerkonferenz oder aber auch von der Schulleitung, an einem Thema weiterzudenken und diese Ideen wiederum als Vorlage in die Lehrerkonferenz einzubringen. Sie übernehmen die Verantwortung für einen Prozess oder Entwicklungsschritt inklusive Maßnahmen zur Evaluation, koordinieren andere Arbeitsgruppen, informieren alle Beteiligten jeweils über den aktuellen Stand usw. Sie gelten als Motor der Schule und sind idealerweise möglichst gemischt zusammengestellt, um das Gesamtkollegium zu repräsentieren.

In unserem Verständnis darf die Steuergruppe – bei uns Schulentwicklungsteam genannt – auch einen geringeren Verbindlichkeitsgrad haben als sonst üblich. Die Voraussetzung dafür ist allerdings, dass jederzeit offen getagt wird, Protokolle (als To-do-Liste) allen jederzeit zur Verfügung gestellt werden und der aktuelle Arbeitsstand jederzeit bekannt ist. Diese offenen Strukturen bewirken, dass ich als Kollege oder Kollegin jederzeit das Gefühl habe, mich einbringen zu können und mit meinen Anliegen gehört zu werden. Eine Woche im Vorfeld geht dann eine Einladung mit den geplanten Tagesordnungspunkten an das Kollegium, aber auch an Eltern- und Schülervertreter raus, die so zu jedem Zeitpunkt wissen, welche Themen gerade diskutiert werden, und sich bei Bedarf einbringen können.

An unserer Schule wird das Schulentwicklungsteam von einem Abteilungsleiter Schulentwicklung und einem weiteren Kollegen geleitet, der für den Bereich Schulentwicklung eine Deputatsstunde zur Verfügung gestellt bekommt. So wird der Bereich Schulentwicklung dialogisch aufgestellt. Weitere regelmäßig Teilnehmende sind das Schulleitungsteam insgesamt, die Träger von Funktionsstellen, aber auch einfach Kolleginnen und Kollegen, die für ein Thema brennen oder eine Veränderung herbeiführen wollen. Sie können sich zu jedem Termin neu entscheiden, ob dies jetzt für sie der Fall ist. Das bedeutet nicht, dass es nicht auch in Phasen einen höheren Verbindlichkeitsgrad geben kann – dies ergibt sich aus der Thematik, die z. T. eben nicht in 90 Minuten abgehandelt wird.

War das Schulentwicklungsteam am Firstwald-Gymnasium lange Zeit als Koordinationsgremium aufgestellt, in dem ein Überblick über die verschiedenen Prozesse entstand und diese zusammengeführt wurden, stellte sich über die

Jahre heraus, dass sich die Fokussierung auf ein Thema je Treffen anbietet, um Kolleginnen und Kollegen in solchen offenen Formen zu aktivieren. Eine regelmäßige, freiwillige Teilnahme von sieben bis zehn Personen war auf diese Art und Weise immer gewährleistet, was ca. 15 % des Kollegiums entspricht.

Ein Nachteil dieser Form des Arbeitens ist die Einbeziehung von Kolleginnen und Kollegen, die sich nicht informieren (wollen). Obwohl es theoretisch die Möglichkeit gibt, sich in den Prozess einzubringen, und sei es nur durch eine Mail im Vorfeld, wird diese dann nicht genutzt, Protokolle werden nicht gelesen und in der Lehrerkonferenz wird beklagt, dass es keine große Diskussion mehr zu dem Thema gäbe. Dies zwingt allerdings auch zur Auseinandersetzung mit dem Thema. Wer sich nicht beteiligt, kann zwar erwarten, am Ende noch gehört zu werden, da die Vorlage eine Woche vor der Lehrerkonferenz versendet wird und oft auch noch zusätzlich in einem pädagogischen Fenster direkt vor der Lehrerkonferenz diskutiert werden kann, aber da viele Prozesse schon gelaufen sind, wird in diesem Rahmen meist nur noch wenig neu gestaltet werden können (vgl. auch in Teil II, 8 das Leitprinzip „Umgang mit ‚Bruddlern'").

Eine Möglichkeit, auch nicht von sich aus aktive Kolleginnen und Kollegen einzubinden, könnte sein, eine Art rollierendes System zusätzlich zu etablieren: Jeder Kollege und jede Kollegin sollte jährlich an einem Termin des Schulentwicklungsteams teilnehmen, um ein breites Bewusstsein für diese Form der Schulentwicklung zu entwickeln, aber andererseits auch immer einen frischen, naiven Blick auf die laufenden Projekte zu integrieren. Auch ein Zufallsprinzip wäre denkbar: Zu jeder Schulentwicklungsteamsitzung werden einige Kollegen gelost, die speziell eingeladen werden.

3. Forum Schulentwicklung

Die Arbeit mit den Eltern ist die wohl am meisten unterschätzte Ressource in Schulentwicklungsprozessen. Eltern haben oft einen guten Blick auf das, was eine Schule im Kern ausmacht und wo Fehlentwicklungen zu sehen sind. Sie haben an vielen Schulen das Gefühl, mit ihren Vorschlägen nicht gehört zu werden, und hier lohnt der Ansatz, von der Expertise der Eltern her zu denken und diese gezielt einzubeziehen.

Ein „Forum Schulentwicklung" kann dazu ein Beitrag sein. Mindestens zweimal im Jahr wird offen im Elternbrief zu diesem Austausch eingeladen. Die Themen werden vorher bekannt gegeben und es bleibt Raum für weitere Anliegen der

Eltern. Oftmals findet zuvor eine Absprache mit den Elternbeiräten statt, die die Themen aus der Elternschaft bereits im Vorfeld bündeln, sodass sie direkt mitberücksichtigt werden können.

Als der Wechsel von G9 auf G8 in Baden-Württemberg kam, waren die Eltern sehr unzufrieden mit der Gestaltung des Ganztags am Firstwald-Gymnasium. Insbesondere in der 6. Klasse entstanden viele Probleme und Stress für Schülerinnen und Schüler – und der Eindruck, dass die Schüler mit der Gestaltung ihres Schultags überfordert sind, zu wenige Pausen, zu wenig Raum zur Ruhe, zu viele Hausaufgaben haben. Diese Energie hat die Schule bündeln können und hat dann sechs Foren „Schulentwicklung" mit einem am Ende festen Stamm an Mitdenkerinnen und Mitdenkern organisiert. Das Ergebnis war eine Ganztagsstruktur mit klarer Rhythmisierung, einer zweistündigen, als erholsam erlebten Mittagspause mit AGs und einem frisch gekochten Mittagessen integriert sowie nachmittags Unterricht an drei Tagen. Dazu kamen noch Hausaufgabenstunden und eine Hausaufgabenbetreuung nebst dem System „Schüler helfen Schülern", einer Art Schülermentoring für einzelne Fächer.

Das Forum „Schulentwicklung" ist aber immer auch wieder ein Ort, um die grundsätzliche Ausrichtung der Schule zu besprechen. Zuletzt war eine SWOT-Analyse[20] mit 30 interessierten Eltern auf dem Programm. Es tut immer wieder gut, als Organisation einerseits die Wahrnehmung der Schülerinnen und Schüler und der Eltern (bzw. Kunden) ernst zu nehmen. Beteiligungsstrukturen in Schule zu schaffen, ist allerdings nicht gleichbedeutend mit einer basisdemokratischen Ausrichtung, in der zu jedem Thema mit großem Aufwand und oft dominiert von Verfahrensfragen Entscheidungsprozesse ablaufen. Eine Schule darf sich auch einmal entscheiden, für etwas zu stehen, das die Mehrheit der Schulgemeinschaft (zunächst) nicht gut findet. Sie kann und muss auch Haltung zeigen; Agilität bedeutet nicht Beliebtheit.[21]

---

[20] SWOT-Analyse, engl. Akronym für Strengths (Stärken), Weaknesses (Schwächen), Opportunities (Chancen) und Threats (Risiken).
[21] Ein Beispiel dafür kann die Einführung eines pädagogischen Konzepts (z. B. Einführung von Unterricht in Epochen) sein, dessen Tragweite von Eltern und Schülerinnen und Schülern noch nicht eingeschätzt werden kann. Dabei hilft es dann, auf die Vorläufigkeit der Entscheidung bzw. eine anstehende Evaluation hinzuweisen.

4. Schulentwicklungsklausur

Immer wenn ein größeres Thema ansteht (z. B. zusätzliche Klassen einführen, die Entlastung der Schülerinnen und Schüler gestalten, zeitgemäße Lernformen im Zeitalter der Digitalisierung entwickeln), lohnt sich eine Schulentwicklungsklausur. Diese wird in ihrer Funktion auch beim Leitprinzip „Alles Gute kommt von unten" (vgl. Teil II, 2) genauer erläutert, daher hier in aller Kürze:

Eltern, Schülerinnen und Schüler, Lehrkräfte und ggf. externe Expertinnen und Experten tagen von Freitagnachmittag bis Samstagnachmittag unter Leitung der Schulentwickler genau 24 Stunden zu einem Thema; die Kosten der Übernachtung und des Essens in einer Tagungsstätte werden von der Schule übernommen.[22] Die Ergebnisse dieser Tagung werden dann in die verschiedenen Gremien (Elternbeirat, Lehrerkonferenz, Schülermitverantwortung [SMV]) getragen und weitergeführt. Dadurch, dass jeweils Vertreter der verschiedenen Gruppen mitgedacht haben, entsteht so eine große Durchschlagskraft der entwickelten Ideen.

Ein Beispiel ist die Gestaltung des Digitalisierungsprozesses, das in Teil III, 1 im Detail nachlesbar ist. Ein weiteres Thema, das in einer Schulentwicklungsklausur in den Blick genommen wurde, war die „Entlastung der Schülerinnen und Schüler im G8-Gymnasium". Dazu lagen verschiedene Ideen aus Arbeitsgruppen vor: Die Eltern wünschten sich Entlastungen bzw. Unterstützungsformen bei den Hausaufgaben und Klassenarbeiten, eine Gruppe von Kolleginnen und Kollegen hatte Fragen individueller Förderung in den Blick genommen, und eine Arbeitsgruppe aus Eltern, Kolleginnen und Kollegen hatte Ideen zur Umsetzung des Unterrichts in Epochen vorgedacht, weil auch in dieser Bündelung der Stunden eine deutliche Entlastung der Schülerinnen und Schüler zu finden ist. Auf dieser Tagung wurden die Ideen gesammelt, um die Ideen der Anwesenden ergänzt (Muster: Daran haben wir schon gedacht – daran hat bisher noch niemand gedacht!), Schwerpunkte gesetzt und anschließend alles als Gesamtkonzept zusammengebunden. Die Einführung des Epochenunterrichts[23] wurde (zu schnell) umgesetzt und verlor nach vier Jahren die Unterstützung im Kollegium, die anderen Maßnahmen laufen bis heute weiter und sind erfolgreich.

---

[22] Wenn der Fortbildungsetat dies nicht hergibt, lassen sich über einen Freundeskreis oder andere Sondermittel des Trägers sicherlich andere Wege zur Finanzierung finden. Es ist eine Frage der Priorisierung.

[23] Das Schuljahr wurde in vier Epochen unterteilt. Alle Fächer sollten möglichst vierstündig in einer Epoche unterrichtet werden.

Auch bei der Einführung der LeAs (Freie Lernangebote als Ersatz für normalen Unterricht, am Ende zwei Stunden pro Woche[24]) wurde eine sehr produktive Klausur durchgeführt, in der vieles umgesetzt wurde, was dort entschieden wurde.

5. Schülerbeteiligung über SMV und Konvent

In welcher Form dürfen Schülerinnen und Schüler eigentlich an Ihrer Schule mitbestimmen? Welche Befugnisse hat die Schülervertretung wirklich? Wie werden Schülerinnen und Schüler aktiviert? Wo dürfen sie eigene Ideen einbringen? Wo spüren sie, dass ihre Meinung gefragt und ernstgenommen wird? Wie beteiligt man Schüler richtig?
Auch für Schülerinnen und Schüler gilt: „Nicht nur in Gremien denken" (vgl. Teil II, 3).
Deshalb ist es wichtig, die SMV zu aktivieren, aber nicht nur die Schülerinnen und Schüler in den Gremien zu beteiligen.
Außerdem wollen Schülerinnen und Schüler auch die Erfahrung machen (siehe „Fridays for Future"), dass sie spüren: Ihre Stimme wird nicht nur gehört, sondern ist in vielen Fragen mitentscheidend. Und vor allem: Es gibt Fragen, z.B. bezogen darauf, welche Regelungen sinnvoll sind, bei denen Jugendliche die besseren Experten als Lehrkräfte, Schulleitung oder Kultusverwaltung sind. Sie nicht einzubeziehen, wäre deshalb ein großer Verlust und fataler Fehler.

Das Firstwald-Gymnasium Mössingen wurde 1965 als Internatsschule gegründet; sowohl die Zeit (vor allem Ende der 1960er-Jahre) als auch die Form als Internat begünstigten institutionalisierte Beteiligungsprozesse. Noch heute gibt es an der Schule einen Konvent, faktisch ein Untergremium der Schulkonferenz, mit vergleichbaren Befugnissen ausgestattet. Er ist paritätisch mit acht Schülerinnen und Schülern (jede Klassenstufe ist vertreten) und acht Lehrkräften besetzt unter Vorsitz der Schulleitung. Die Tagesordnung wird von den Schülersprecherinnen und -sprechern nach Absprache mit der Schulleitung aufgestellt. Alle grundsätzlichen Entscheidungen der Schule werden hier diskutiert und auch Entscheidun-

---

[24] Die Grundidee dahinter ist: Lernen geschieht nicht nur a) im Unterricht, b) an der Schule, c) durch Lehrkraft begleitet, d) dann, wenn es dafür Noten gibt, e) im 45-Minuten-Takt, f) in einer festen, gleichaltrigen Lerngruppe und g) wenn es von der Schule vorgeschrieben wird. LeA sind deshalb selbst gewählt, bewertungsfrei, oft am Wochenende oder auch in den Ferien und werden von Eltern, Vereinen, Firmen oder Schülerinnen und Schülern angeboten. Sie ersetzen dafür zwei Stunden Unterricht pro Woche.

gen getroffen, oft nach Vorlagen aus den Gremien SMV und Lehrerkonferenz. Der Konvent tagt je nach Themenlage vier- bis sechsmal im Jahr. Damit ist die Grundlage für die Schülerbeteiligung gelegt, die Motivation entsteht in der Gelegenheit, etwas verändern zu können.

So mancher Lehrer und so manche Lehrerin haben sich schon über die Verfahren geärgert, weil am Ende eben nicht immer das Wort der Erwachsenen entscheidend ist. Gleichzeitig übernehmen die Schülerinnen und Schüler Verantwortung für das Ganze, fast im Sinne des Auftrags eines Betriebsrats. So hat der Konvent z. B. unsere aktuelle Medienregelung (vgl. Anhang) final verabschiedet, in die viele verschiedene Perspektiven eingeflossen sind. Die Grundprinzipien kamen allein von den Schülerinnen und Schülern: Mediennutzung (vor allem zu Arbeitszwecken) ermöglichen, Fenster für medialen „Druckabbau", d. h. bestimmte Nutzungszeiten zum Prüfen von eingegangenen Nachrichten, gewähren und gleichzeitig die Begegnung im Schulhaus fördern. Daher sind bei uns alle Pausen medienfrei, auch die lange Mittagspause, aber es gibt ausreichend Räume, in denen sie genutzt werden können, und es gibt ein „Alles ist möglich"-Zeitfenster im Rahmen der Mittagspause, in dem alle Medien (auch für private Zwecke) genutzt werden dürfen. Die Oberstufe kann in ihren Freistunden arbeiten, wie sie möchte.

> Ein kleiner Hinweis: Wenn eine Schule Schwierigkeiten hat, gemeinsame Regeln zu entwickeln und über die verschiedenen Ebenen zu kommunizieren, könnte das Projekt Aula[25] interessant sein.

Natürlich können Schülerinnen und Schüler auch an Schulentwicklungsklausuren teilnehmen und sich so einbringen. Ein weiteres (kleineres und schnelleres) Instrument könnte auch sein, einen der oftmals nur filmisch gestalteten Tage am Ende des Schuljahres als Schulentwicklungstag zu nutzen, um sich als Organisation Feedback einzuholen oder auch eine SWOT-Analyse durchzuführen. Alternativ haben wir auch schon bei einzelnen größeren Entwicklungsfragen einen Schüler oder eine Schülerin per Zufall ausgewählt, in einem Raum in altersgemischten Kleingruppen zusammengesetzt und mit der World-Café-Methode[26] Ideen entwickeln lassen. Das waren immer äußerst produktive und gewinnbringende Erfahrungen.

---

[25] www.aula-blog.website (28.10.2019)
[26] Vgl. z. B. www.methodenkartei.uni-oldenburg.de/uni_methode/world-cafe/ (28.10.2019).

6. Die Schlussklausur zur Abrundung des Schuljahres

Wie führt man eine Schlussklausur für das gesamte Kollegium am Ende des Jahres ein und wie kann man sie inhaltlich sinnvoll gestalten? Diese Fragen werden uns häufig von Hospitierenden bei uns im Hause, über die sozialen Netzwerke, auf Foren und in diversen anderen Netzwerken gestellt. Seit fast 15 Jahren haben wir an unserer Schule eine Jahresschlussklausur; sie ist ein wesentlicher Teil unserer Schulentwicklungsarbeit.

Alle zwei Jahre verlassen wir dafür das Gelände und fahren an einen schönen Tagungsort mit maximal eineinhalb Stunden Fahrtzeit. Das jeweils andere Jahr bleiben wir vor Ort und gestalten einen gemütlichen, gemeinsamen Abend an der Schule. Das Programm umfasst praktisch immer folgende Elemente in unterschiedlicher Reihenfolge:
- Dank und Rede der Schulleitung
- Feedback für das Schulleitungsteam
- Rückblick auf das vergangene Schuljahr (z. B. mit einer SWOT-Analyse); hier wird auf oft schnell zu behebende Probleme aufmerksam gemacht
- ein pädagogisches Leitthema, an dem weitergearbeitet wird
- Zeit für die Übergabe von Klassen (gerade im Hinblick auf besondere Schülerinnen und Schüler)
- gemütliches Beisammensein am Abend (wichtiges Ventil!)
- Ausblick auf das kommende Schuljahr

Folgende Elemente waren bereits Teil der Schlussklausur, sind es aber nicht immer:
- Eltern und/oder Schülerinnen und Schüler als Referentinnen und Referenten
- Expertinnen und Experten von außen
- Fachbereichssitzungen (vor allem in der Umsetzung des aktuellen Bildungsplans)

Viele Schulen beginnen, über das neue Schuljahr am Ende der Ferien nachzudenken und es zu planen. Wir schlagen ein anderes Verfahren vor, nämlich eine Klausur am Beginn der Ferien bzw. am Ende des Schuljahres. Vielleicht haben Sie ja an Ihrer Schule die Möglichkeit, einen der pädagogischen Tage auf den letzten Schultag zu legen. So haben die Schülerinnen und Schüler bereits einen Tag früher frei und die Lehrkräfte tagen am vorletzten und letzten Schultag.

Bezahlt wird die Tagung im Idealfall von der Schule (bis auf die Getränke). Dafür sind je nach Tagungsstätte ca. 80–100 € pro Person einzuplanen plus Busfahrt. Jahrelang haben wir diese Veranstaltung im Rahmen der „Wunschkurse" durch das Land Baden-Württemberg bezahlt bekommen. Inzwischen werden Privatschulen hier nicht mehr gefördert. Eine öffentliche Schule hat in unserem Bundesland also immer die Gelegenheit, eine solche Veranstaltung zu 100 % gefördert zu bekommen.

Die Einführung einer solchen Klausur am Ende des Schuljahres war auch an unserer Schule zunächst umstritten. Allen geht am Ende fast die Puste aus und man sehnt sich danach, in die Ferien entlassen zu werden. Vier Aspekte haben aber letztlich bei uns die Kolleginnen und Kollegen überzeugt, sodass die Durchführung dieser Klausur zur Selbstverständlichkeit geworden ist und viele sich richtig auf diese Klausur freuen:

1. Was dort erarbeitet wird, hat einen ganz konkreten Nutzen für meine Vorbereitung des neuen Schuljahres.
2. Was als Feedback gegeben wird, wird ernst genommen und konkrete Punkte, die zu Ärger und Frustration im Alltag führen, können bis zu Beginn des neuen Schuljahres abgestellt werden.
3. Es gibt Freiräume für konkrete Absprachen bei Projekten und Kooperationen.
4. Das Feiern und die Begegnung miteinander kommen nicht zu kurz.

Sowohl für die Schlussklausur als auch für pädagogische Tage ist dem Kollegium die Durchführung als „Barcamp" sehr vertraut. Der Begriff „Barcamp" kommt aus dem Bereich der Softwareentwicklung. „Bar" steht dabei entgegen der Intuition für einen Platzhalter in der Informatik, der Begriff „Camp" unterstreicht den lockeren, flexiblen Charakter der Veranstaltung, bei der ab und zu auch übernachtet wird (Camping). Im Bildungsbereich gibt es z.B. das sogenannte Educamp.[27]

Diese Form, auch Unkonferenz genannt, lebt von der offenen Struktur, bei der Inhalte und Ablauf der Workshops von den Teilnehmerinnen und Teilnehmern zu Beginn der Tagung selbst entwickelt werden. Die Teilnehmer werden so zu „Teilgebern". Üblich sind 45-minütige sogenannte Sessions, bei denen der Anbieter nicht unbedingt eine fertig vorbereitete Session vorzeigen muss, manchmal reicht eine produktive Fragestellung, um Mitdenkende zu finden.

---

[27] https://educamps.org (28.10.2019)

7. Ein pädagogischer Tag zur Lehrergesundheit als Barcamp

Gemeinsam vorbereitete pädagogische Tage sind grundsätzlich auch außerhalb der Schlussklausur ein wichtiges Instrument der Schulentwicklung. Ein Beispiel dafür soll hier näher ausgeführt werden: Ein pädagogischer Tag zum Thema Lehrergesundheit.

Lehrergesundheit – ein Thema für Nörgler? Ein Thema für Jammerer? Und die dann auch noch beteiligen an der Planung und an der Durchführung eines solchen Tages? Und das soll noch konstruktiv werden?

Am Beginn stand das Bedürfnis des Kollegiums, die Lehrergesundheit als Jahresthema zu setzen und an mehreren Punkten im Jahr in den Fokus zu rücken – und die Sorge der Schulleitung, dass dies wenig hilfreich und eher kontraproduktiv sein könnte, wenn die Stimmung kippt und sich jeder dadurch umso mehr belastet fühlt.

Zu Beginn stand eine Erhebung, die im Zusammenhang mit der großen Potsdamer Lehrerstudie entwickelt wurde[28] und ein paar belastbare Zahlen für die Weiterarbeit bietet. Wo drückt der Schuh? Was sind die neuralgischen Punkte? Gleichzeitig muss man sagen, dass ein Kollegium meist ein sehr gutes Gespür dafür hat, an welchen Stellschrauben gedreht werden kann.

Die Vorbereitungsgruppe

Die Ergebnisse der Erhebung wurden dann dem Schulleitungsteam vorgestellt, welches diese für eine Arbeitsgruppe freigab, die in diesem Prozess als Steuergruppe diente. Sie war zusammengesetzt aus Jung bis Alt und bestand aus besonders am Thema Lehrergesundheit Interessierten, weil sie bereits besonders gut auf sich achten oder weil sie sich Orientierung erhofften. Die Mischung macht's, wie immer.

Eine Ausnahme: Individuelle Rückmeldungen, die in der Erhebung ebenfalls möglich waren, blieben im Rahmen der Schulleitung. Aus diesen wurden weitere „Werkstätten" für das spätere Barcamp abgeleitet.

---

[28] Weitere Informationen gibt es hier: www.ichundmeineschule.eu/index.php?diagnostik-iegl (28.10.2019). Die Erhebung wird praktisch zum Selbstkostenpreis angeboten und ist ein brauchbares Instrument für den Start.

Mithilfe eines Moderators aus dem IEGL-Programm[29] wurden die Ergebnisse anschließend gedeutet. Eine Erkenntnis war, dass wir eine sehr gesunde Schule sind (verglichen mit dem Schnitt aus der Potsdamer Lehrerstudie), aber dass es natürlich Arbeitsfelder gibt, die die Kolleginnen und Kollegen konkret benennen können und für die sie sogar schon Lösungsvorschläge einbringen. Demnach konnte der pädagogische Tag auch quasi ohne externe Hilfe gestaltet werden. Dies war allerdings auch die Voraussetzung dafür, dass ein Barcamp die Methode der Wahl sein konnte.

Der pädagogische Tag als Barcamp

Es wurde schnell klar, dass der Tag zwei Perspektiven benötigt: Den Blick auf die Organisation und individuelle Angebote. Immer wichtig bei einem Barcamp: gutes Essen, gute Getränke, eine straffe Zeitplanung und gute Protokolle. Mindestens genauso wichtig: 10597 aktive Teilnehmerinnen und Teilnehmer (ggf. Anbieter von Sessions).

> Kleiner Tipp:
> Die Sessions heißen bei uns Werkstätten, damit kann man ein Kollegium eher überzeugen.

Die Themen der Werkstätten waren durch die Studie vorgegeben, wurden als offene Liste vorher ausgehängt, durften durch das Kollegium priorisiert und ggf. erweitert werden. Wichtig war uns, dass keine Interpretation vorgenommen wurde.

Tipps für ein Barcamp mit dem Lehrerkollegium

Wer so etwas wie ein Barcamp machen möchte, dem empfehlen wir, auf zu viel vermeintlich angesagtes/hippes Vokabular zu verzichten, gründlich das Prinzip zu erläutern und die Chance zu betonen, das eigene Thema auf die Agenda zu bringen. Man kann es z. B. mit einem kurzen Film zum Barcamp-Prinzip sowie einem kurzen Handzettel erläutern.

---

[29] www.ichundmeineschule.eu/index.php?denkanstoesse-nutzen (28.10.2019)

Vorlage für einen Handzettel zum Barcamp-Prinzip:
Eine Werkstatt anbieten – Wie funktioniert das?
- Eine Werkstatt anzubieten, ist keine Hexerei. Man braucht ein **Thema** und weitere Interessierte aus dem Kollegium, die hier mitdenken wollen.
- Eine Werkstatt dauert insgesamt **45 Minuten**.
- Schreiben Sie einfach das Thema auf den **Anmeldezettel** und hängen ihn an die passende Pinnwand.
- Sowohl am ersten als auch am zweiten Tag ordnen sie dann gemeinsam **Räume** und Themen zu.
- **Jede/Jeder stellt** das Thema kurz **vor**. Meldet sich mindestens eine weitere interessierte Person, findet die Werkstatt statt.
- Ein Thema kann **auch spontan** entstehen, z. B. wenn man sich am ersten Abend noch über etwas unterhält und denkt, dass dies für mehrere Kolleginnen und Kollegen interessant sein könnte; dann einfach am zweiten Tag morgens vorschlagen.

Beispiele für Werkstätten:
- Projekt Akustik in Klasse 7a
- Ideensammlung zum Leitthema „Lehrergesundheit"
- Wie kann man FSJler an unserer Schule besser einbinden?
- Studienfahrten – Die finale Lösung?
- Klassenübergaben
- Lehrersport?
- …

Vorlage für ein Werkstatt-Protokoll:

Titel der Werkstatt:

Anbieterin/Anbieter der Werkstatt:

Protokollantin/Protokollant (eine Person, die sich zuständig fühlt – aber deswegen noch lange nicht alle Arbeit alleine machen soll)

Dokumentation (Mitschriften, Zitate, Materialtipps, Ergebnisse …)

Um was geht es?

Welche Fragen/Probleme gibt es?

Welche Lösungen/Schritte werden vorgeschlagen?

Wer hat Ideen eingebracht? **Wer** will hier weiterdenken?

8. Die Sitzecke: Informelle Schulentwicklung

Ein Aspekt soll hier nicht verschwiegen werden: Gelingende Schulentwicklung hängt ganz wesentlich von einer Atmosphäre des Vertrauens, Wohlwollens und der Freude daran, einander zu begegnen, ab. Die Struktur der Schulentwicklung hängt auch von der Kultur zwischen den Akteuren in der Schule ab.

Wenn ein Kollegium in Grüppchen zerfällt, wenn alle danach trachten, die Schule nach Unterrichtsende möglichst schnell zu verlassen, dann ist es schwer, Schulentwicklung gemeinsam zu gestalten. Aber es gibt natürlich auch Instrumente, die die Kultur einer Schule unterstützen. Dazu gehören viele verschiedene informelle Angebote:

- Yoga
- informelle, freiwillige Begegnungsflächen wie Wandertage und (evtl. sogar mehrtägige) Betriebsausflüge
- regelmäßige von der Mitarbeitervertretung angebotene Abende in der Kneipe

Es geht dabei darum, Raum fürs Informelle zu schaffen, zu dem Kolleginnen und Kollegen Lust haben, und Raum für Kommunikation.

Die Sitzecke im Lehrerzimmer

Für jede Schule sollte es ein Ziel sein, informelle Räume zu schaffen, wie z. B. eine Sitzecke im Lehrerzimmer. Sie ist für den informellen Austausch von unschätzbarem Wert.

Es sollten gemütliche Sessel in der Sitzecke sein, die durch Stühle immer auch erweiterbar ist. Dort sitzt man z. B. in der großen Pause bei einer Tasse Kaffee zusammen, aber auch in der Mittagspause und in Freistunden. Und natürlich ist dabei immer auch die Schule Thema. Selbstverständlich lässt sich dort die Schulleitung öfters blicken und in dieser Atmosphäre kommt natürlich das zur Sprache, was gerade den einen oder die andere beschäftigt. Oft entstehen dort gute Ideen, aber es ist auch Raum, Missverständnisse auszuräumen, oder bestimmte Ideen zu streuen und sich ganz zwanglos ein Feedback einzuholen, was Kollegen und Kolleginnen zu einer bestimmten Frage denken.

Ohne eine Kultur des Vertrauens nützt das alles nichts, aber es ist ein Baustein, der eine solche Kultur unterstützen kann.

4 Vergleich: Buchdruck und Digitalisierung als Motoren der Schulentwicklung

Wie hat sich Schule durch die Einführung des Buchs verändert?

Ursprünglich war die klassische Klosterschule dadurch geprägt, dass alte Texte verlesen und abgeschrieben wurden. Schülerinnen und Schüler hatten nur die Möglichkeit, in Bibliotheken vorliegende Handschriften zu lesen, und alles, was sie selbst an dokumentiertem Wissen besaßen, hatten sie selbst geschrieben.

Hier war die Einführung des Buchdrucks ein Paradigmenwechsel, aus dem wir auch für den Prozess der Einführung des digitalen Lernens etwas lernen können.

Was ist passiert?

„Man kann es dem Lehrer an der Stiftsschule von St. Gangolf in Bamberg, Hugo von Trimberg schlecht vorwerfen, die historische Bedeutsamkeit des Vorgangs nicht erkannt zu haben, der ihm gegen Ende des 13. Jahrhunderts in Gestalt zunehmender Verbreitung von Schulbüchern in Schülerhand vor Augen trat. Dem schuolmeister-Ich, in Hugos ‚Renner' gewohnt, in schuoler henden nur tafel und griffel (V. 17392) zu sehen, erscheint das Vordringen von Schriftlichkeit in die verschiedensten Lebensbereiche der mittelalterlichen Gesellschaft, und unter anderem auch in seinen Schulunterricht, vor allem als materielle (lôn) und soziale (êre) Gefährdung seiner Existenz, deren Aufgabe doch gerade in der personalen Vermittlung von lêre gesehen wird. Überdies sei in schriftlicher Form verfügbare lêre, von solcher personalen Vermittlung durch den Lehrer qua Medium entkoppelt, auch den Schülern selbst abträglich, da sie ihnen äußerlich zu bleiben drohe [...]".[30]

---

[30] Baldzuhn, Michael: Schulbücher im Trivium des Mittelalters und der frühen Neuzeit, Band 1, Walter de Gruyter GmbH, Berlin 2009, Seite 1.

Aus diesem Text wird Folgendes deutlich:

1. Die Einführung des Schulbuchs im Mittelalter war keinesfalls unumstritten, sondern führte zu einer tief greifenden Veränderung der Schule, der Rolle des Lehrers und des Lernens überhaupt.
2. Manche Argumente und Debatten heute ähnlen auf frappierende Weise den Argumentationsgängen gegen die zunehmende Digitalisierung an den Schulen und bei den Schülern heute:
3. a) Die Lehrkraft wird überflüssig, wenn alle Schülerinnen und Schüler selbst Dinge in Büchern lesen können.

    b) Wenn die Schülerinnen und Schüler nicht alles Wissen selbst geschrieben haben, bleibt es oberflächlich und wird nicht so gut behalten.

Es gäbe sehr vieles, bei dem es sich lohnen würde nachzuspüren, wenn wir die Einführung des Buchdrucks und damit die Einführung von Schulbüchern mit dem Prozess der Digitalisierung vergleichen. Besonders interessant sind dabei die Studien von Michael Giesecke.[31] Es würde den Rahmen dieses Buchs sprengen, alle Parallelen aufzuzeigen. Wir wollen uns auf wenige für unsere Fragestellung wichtige Erkenntnisse beschränken.

Es war für die Schulen ein Paradigmenwechsel (vgl. dazu Teil II, 1 „Nur aus Chaos kann Kosmos entstehen"), das Buch als Medium neben der Lehrkraft für Schülerinnen und Schüler zur Verfügung zu haben. Dieser Prozess hat die Schule grundlegend verändert und geprägt. So grundlegend, dass heute quasi das Buch als Leitmedium für alle Schulen akzeptiert und anerkannt wird und die Debatte sich heute oft auf die Alternative „Bücher lesen oder sich Wissen digital aneignen" reduziert wird, und das mit der großen Angst, dass die digitale Aneignung nicht so nachhaltig sei wie das Lesen von Büchern.

Hier entdecken wir wieder interessante Parallelen: Bücher gab es vorher auch schon – in der Regel handgeschrieben in Bibliotheken – in sehr begrenztem Umfang, aber durchaus auch für Schüler verfügbar.

---

[31] Vgl. Giesecke, Michael: Der Buchdruck in der frühen Neuzeit – eine historische Fallstudie über die Durchsetzung neuer Informations- und Kommunikationstechnologien, Suhrkamp Frankfurt a.M. 4. Auflage 2006, und Ders.: Von den Mythen der Buchkultur zu den Visionen der Informationsgesellschaft, Suhrkamp Frankfurt a.M. 2002.
Außerdem interessant zum Thema: Schümer, Dirk (2016): Warum der Buchdruck einmal fast verboten wurde, Welt Online, abrufbar unter: https://www.welt.de/kultur/kunst-und-architektur/article154491563/Warum-der-Buchdruck-einmal-fast-verboten-wurde.html (28.10.2019).

Was es aber vor der Einführung des Buchdrucks nicht gab: das Buch in Schülerhand. Mit der Einführung des Buchs in Schülerhand veränderte sich das Lernen grundlegend. Viel Wissen konnten und durften sich Schüler mithilfe von Büchern, selbstverständlich unterstützt und angeleitet durch Lehrkräfte, aneignen. Durch die Einführung des Buchdrucks explodierte die Menge des gelernten und lernbaren Wissens, aber auch der zu unterrichtenden Schulfächer.

Die Einführung des Schulbuches war ein Paradigmenwechsel, der die Schulentwicklung beförderte und Schule bis heute geprägt hat. Eigentlich hat sich seit der Einführung des Buchs die Schule – zumindest was die Rolle der Medien anbelangt – nicht mehr viel verändert. Es gab selbstverständlich Entwicklungen von Schule und Schulreformen unterschiedlicher Prägungen, aber die vorhandenen Medien blieben im Wesentlichen dieselben.

Der Schweizer Professor für Informatik- und Mediendidaktik, Beat Doebeli Honegger schlägt vor, einen „Bücher-Check" [32] zu machen, um Schwarz-Weiß-Diskussion (Wald oder Web? Buch oder Bildschirm?) in diesem Themenbereich zu vermeiden. Der Check funktioniert so: Ersetzen Sie in einem Text die Begriffe Computer, Tablet (oder Handy/Smartphone) durch den Begriff Buch und prüfen Sie, ob sich beim Buch nicht ähnliche problematische Effekte einstellen. Ein Beispiel:
1. Das Smartphone führt zu weniger Bewegung und zur Vereinsamung!
2. Das Buch führt zu weniger Bewegung und zur Vereinsamung!

Es wird deutlich, dass dieser Bücher-Check einen größeren Teil der Argumente gegen den Einsatz digitaler Medien relativieren kann. Es kommt einfach auf die Qualität der Nutzung an. Weder ist der Einsatz per se gut noch per se schlecht.[33]

Was verändert sich nun mit der Digitalisierung?

Die Digitalisierung ist nun seit mehr als 400 Jahren die nächste große mediale Revolution, die die Schule verändert hat und verändern wird. Wie?

a) Es kommt ein neues Medium hinzu, dies verändert die Gesellschaft und das Lernen.

b) Diese Veränderungen sind so grundsätzlich, eben ein Paradigmenwechsel, dass es selbstverständlich ist, dass daraus eine Grundsatzdebatte entsteht:

---

[32] Sein Buch „Mehr als 0 und 1 – Schule in einer digitalisierten Welt" ist übrigens sehr zu empfehlen.
[33] Mehr dazu unter: http://blog.doebe.li/Blog/MachenSieDenBuecherCheck (28.10.2019).

Ist es gut, sich für dieses Medium überhaupt zu öffnen? Was geht alles verloren, wenn wir uns für dieses Medium öffnen?

c) Das Medium ist weder in sich gut noch in sich schlecht. Das Medium ist ein Mittel zum Zweck und nicht Selbstzweck: Es hat dem Ziel der Bildung zu dienen und muss daraufhin geprüft werden, ob und, wenn ja, wodurch hier Bildung ermöglicht wird. Gleichzeitig ist vollkommen selbstverständlich, dass nicht jeder Gebrauch des Mediums der Bildung dient – aber auch nicht die bloße Verhinderung des Gebrauchs für bildungstechnische Zwecke.

d) Das, was Bildung ausmacht, unterliegt einem Wandel, der durch Medien geprägt und bestimmt wird. Ein Medium ist kein bloßes Werkzeug, sondern, nach Marshall McLuhan, wird selbst zur „Botschaft"[34]. Es ist eben kein neutrales Werkzeug, mit dem sich alte Lernziele bloß schneller erreichen lassen oder Ergebnisse besser sichern lassen, sondern es prägt in massiver Form Kultur und Gesellschaft[35] – genau wie vorher auch das Buch. Dazu bedarf es nach einem Vergleich der Bedeutung und Funktion des Smartphones noch im Jahre 2007 und heute keiner weiteren Erklärung.

e) Wir alle wissen nicht, wie sich dadurch das Lernen und die Schule verändern wird. Wir können es nicht wissen, weil wir auch nicht wissen können, welche technischen Veränderungen in den nächsten zehn bis 20 Jahren auf die Schulen zukommen werden. Gibt es dann für jeden Schüler seinen eigenen Lernroboter? Welche Formen von Medien werden sich durchsetzen? Wie wird es beispielsweise den Mathematikunterricht verändern, wenn digitale Lernkontrollen und auch individuell abgestimmte Aufgaben und Wiederholungen im Mathematikunterricht selbstverständlich sein werden? Wie wird sich das Spannungsverhältnis zwischen Fachunterricht und fächerübergreifenden Fragestellungen insgesamt zukünftig darstellen?

f) **Die Rolle der Lehrkraft wird sich verändern, auch wenn die Lehrkraft nicht überflüssig werden wird.** Das können wir zunächst vom Buchdruck lernen. Lehrkräfte wurden durch das Buch nicht überflüssig, auch wenn sich ihre Rolle verändert hat. Genauso wird es bei der Digitalisierung sein. Der Un-

---

[34] Vgl. McLuhan, Marshall: Understanding Media, Routledge Classics, 2001. Ursprünglich veröffentlicht 1964.
[35] Ausführlicher dazu: Krommer, Axel: Paradigmen und palliative Didaktik. Oder: Wie Medien Wissen und Lernen prägen. https://axelkrommer.com/2019/04/12/paradigmen-und-palliative-didaktik-oder-wie-medien-wissen-und-lernen-praegen/ (29.08.2019).

terricht wird sich verändern und die Rolle, die eine Lehrkraft im Zusammenhang mit Wissens- und Kompetenzerwerb hat, wird sich deutlich verändern.

g) Wir sind uns sicher: Es wird keine Schule mehr geben, die sich der Digitalisierung auf Dauer verschließen wird. Jede Schule wird mit digitalen Hilfsmitteln Lehren und Lernen ermöglichen und Schule gestalten. Es wird auch keine Schule geben, die vollkommen ohne Kritik und Regeln der Digitalisierung freien Raum überlässt. Genauso wie es auch beim Buch passiert ist: Keine Schule hat auf die Möglichkeit verzichtet, das Lernen durch Bücher zu ermöglichen, und keine Schule hat einfach alle Bücher als Schulbücher zugelassen und verwendet.

h) Alle Schulen werden also hier eine ganz wichtige Gestaltungsaufgabe haben. Und da beginnt der wesentliche Unterschied zum Schulbuch: Als Schulen sich entschieden haben, Schulbücher einzuführen, gab es keine durch Medien verursachte paradigmatischen Veränderungen mehr in der Schule. Dann war die Form des Lernens und Lehrens in ihren Grundzügen geklärt. Natürlich konnten neue Lernformen entstehen und auch reformpädagogische Ansätze das Lernen verändern. Aber das Leitmedium Buch war und blieb erhalten. Durch die Digitalisierung werden sich aber die zur Verfügung stehenden Medien laufend verändern.

Unsere These lautet deshalb:

> Während nach Einführung des Leitmediums Buch Schulen ohne selbst gestaltete Schulentwicklung ausgekommen sind, weil zwar Schule und die pädagogischen Konzepte sich im Laufe der Jahrhunderte verändert haben, aber die weitere grundsätzliche mediale Veränderung ausgeblieben ist, wird durch die Digitalisierung der Zwang zur laufenden Veränderung von Schule und Lernen so gewaltig auf alle Schulen einstürmen, dass ohne gestaltende Schulentwicklung in Zukunft keine gute Schule mehr bestehen kann.

4 Vergleich: Buchdruck und Digitalisierung als Motoren der Schulentwicklung

> Ein kleiner Rückblick gefällig? Als Friedemann Stöffler als Referendar angefangen hat, gab es die ersten Computer an der Schule und damals dachte man: Computer bedeuten, dass alle Schüler nun programmieren lernen müssen. So wurden Kurse eingeführt, bei denen die meiste Zeit darauf verwendet wurde, MS-DOS®-Betriebssysteme hochzufahren (mit Kassetten!). Dann kamen die Computerräume für ganz spezielle Stunden und durch das Internet dann irgendwann auch für Recherchen oder Präsentationen.
> In der Zwischenzeit hat an vielen Schulen jedes Klassenzimmer einen Computer und/oder auch einen Beamer. YouTube®-Videos werden im Unterricht zur Vor- oder Nachbereitung bei Hausaufgaben selbstverständlich eingesetzt. Schüler verteilen in inoffiziellen WhatsApp®-Gruppen die Hausaufgaben usw. Mit dem eigenen Smartphone kann für den Unterricht und im Unterricht recherchiert werden.

Was in zehn Jahren möglich oder sinnvoll ist, wissen wir nicht. Die Folge wird sein:

Wir brauchen an allen Schulen eine fortwährende Schulentwicklung, die in Prozessen mit Schülern, Lehrern, Eltern und Schulträgern immer wieder neu entscheidet, was jetzt an der Schule ein sinnvoller Weg ist, um die Digitalisierung umzusetzen.

Zunächst einmal entwickelt sich jede Schule. Die Frage ist nur, ob mit einer Vision, ob überhaupt gesteuert und, wenn ja, von wem. Oft war Schulentwicklung ein Produkt des Zufalls, entweder von niemandem gesteuert, allein von der Schulleitung, einem Schulentwicklungsteam oder einer Steuergruppe, die aber eigentlich wenig Beteiligung wünscht und ermöglicht.

Solche Konzepte werden in einer solch veränderten, durch Digitalisierung geprägten Situation nicht mehr funktionieren, weil die neu hinzukommende Technik uns laufend Fragen stellen wird, auf die wir nur gemeinsam mit allen, die hier ihre Kompetenz, Sorgen und Energie einbringen wollen, adäquate und durchdachte Antworten finden können.

Umgekehrt ermöglicht die Digitalisierung eben auch unterschiedliche Formen der Beteiligung von ganz vielen: Es kann Abstimmungen per App geben, aber auch das prozesshafte Einbringen, eine schnelle Information, eine digitale Konferenz usw. bieten einfache Formen der Beteiligung in solchen Prozessen, die ohne Digitalisierung gar nicht denkbar waren. Deshalb sind wir der festen Überzeugung, die Digitalisierung wird die Schulentwicklung an allen Schulen als gestaltbaren Prozess vorantreiben.

Einen Ansatz zur möglichen Veränderung des Lernens beschreibt Lisa Rosa, Lehrerfortbildnerin am Landesinstitut für Lehrerbildung und Schulentwicklung in Hamburg, in einer Gegenüberstellung auf ihrem Blog[36]:

Lernverständnis in verschiedenen Epochen

Buchdruckzeitalter	Digitales Zeitalter
lehrerzentriert	lernerzentriert
belehrend	erforschend
systematisch	problemorientiert
objektivistisch	perspektivisch
dekontextualisiert	rekontextualisiert
allein	im Austausch
festliegendes Ergebnis	ergebnisoffen
vorgegebene Bedeutung	persönlicher Sinn
Denkmodell: Büffeln	*Denkmodell: Rauskriegen*

Wir wollen diese Thesen zum Anlass nehmen, um uns grundsätzlicher mit der Zielrichtung und dem Weg von Schulentwicklung im digitalen Zeitalter zu beschäftigen.

Die grundsätzliche Gegenüberstellung ist letztlich die zwischen der traditionellen Paukschule („Büffeln") und reformpädagogisch geprägten Schulen („Rauskriegen"), der intrinsisch motivierten Problemlösung. Die Schule war im Zeitalter des Buchdrucks weder zwingend die Schule zum „Büffeln", wie viele reformpädagogische Schulen zeigen, noch führt die Digitalisierung eben direkt zu einer Schule, die dem Denkmodell „Rauskriegen" verpflichtet ist.

These 1: Schulentwicklung braucht eine Vision, die im Wesentlichen unabhängig von Techniken existiert.

Schulentwicklung benötigt grundsätzlich unabhängig von irgendwelchen digitalen oder nicht digitalen Techniken, die in die Schule einziehen, eine Vision, in welche Richtung sich Schule entwickeln soll.

---

[36] Vgl. Rosa, Lisa: Lernen im digitalen Zeitalter: https://shiftingschool.wordpress.com/2017/11/28/lernen-im-digitalen-zeitalter/ (19.04.2019).

Wir teilen die Vision, dass Schule Raum geben muss für Individualität, für forschendes Lernen, für inklusive Lernformen, die differenziert nach Interessen und domänenspezifischer Leistungsfähigkeit der Schülerinnen und Schüler.

Wir teilen auch die Vision, dass es prägende Lehrerpersönlichkeiten geben kann und soll, mit denen man sich auseinandersetzen muss, die mehr sind als Lernbegleiter. Wir sind sogar der Meinung, dass dies in Zukunft eine noch größere Rolle spielen wird, wenn sich das Wissen auf ganz unterschiedlichen Wegen selbst angeeignet werden kann.

These 2: Digitale Medien können und sollen wesentlich dazu beitragen, diese Vision zu verwirklichen.

Durch Digitalisierung wird Wissenserwerb, aber auch die Auseinandersetzung mit unterschiedlichen Positionen, deutlich erleichtert. Insofern kann Lernen sich verändern, so wie Lisa Rosa dies beschreibt. Die Rolle der Lehrenden wird sich verändern, wenn Schülerinnen und Schüler dazu angeleitet werden, ganz unterschiedliche Quellen zum Wissenserwerb zu nutzen, und auch die Formen der zu erbringenden Leistung durch digitale Medien deutlich vielfältiger werden können.

These 3: Die Digitalisierung führt nicht automatisch zu einer neuen Form des Lernens.

Wie das Beispiel China zeigt, kann die Technik selbstverständlich auch genau zum Gegenteil führen: Schüler können grundsätzlich und komplett überwacht werden in allen Bereichen und dadurch kann ebenso gut das „Büffeln" effektiver gestaltet werden. Auch die Lehrerzentriertheit wird nicht generell durch die Digitalisierung aufgebrochen: Man schaue sich nur den Unterricht an, der häufig mit elektronischen Whiteboards gemacht wird: Weniger Einzelarbeit, weniger Gruppenarbeit, mehr Zentralismus und Frontalunterricht können dadurch genauso erreicht werden.

Fazit: Digitalisierung kann Prozesse unterstützen, die zu einer Veränderung des Lernens führen, das die Schülerschaft und ihre individuellen Interessen und Leistungsfähigkeiten unterstützt, aber dies ist in keiner Weise selbstverständlich, sondern es bedarf einer Vision von Schule. Agilität kann durch Digitalisierung unterstützt werden, aber sie wird nicht durch Digitalisierung zwangsläufig herbeigeführt.

5 Die zukunftsfähige Schule – Was muss sie leisten?

Schulentwicklung ist selbstverständlich nur sinnvoll, wenn man weiß, wohin sich Schule entwickeln soll und muss, und da kommen wir schon in ein grundsätzliches Dilemma, denn wir können nicht sagen, wie die Schule der Zukunft aussehen wird. Ein paar Irrwege und mögliche Richtungsentscheidungen können jedoch in den Blick genommen werden.

Welche Rolle spielt die Digitalisierung auf dem Weg in die Schule der Zukunft? Welche Tätigkeiten kann nur der Mensch ausüben?

Schulen waren, wie die Gesellschaft überhaupt, jahrhundertelang geprägt von der Buchkultur, von Marshall McLuhan auch „Gutenberg-Galaxis" genannt. Im Zuge des Leitmedienwechsels hin zu einer vom Netz geprägten Informationsgesellschaft, auch Turing-Galaxis[37] genannt, müssen sich auch Schulen bewegen, wollen sie weiterhin als Institution ernst genommen werden.

Die entscheidende Leitfrage bei diesem Transformationsprozess könnte sein, welche Tätigkeiten vermutlich automatisiert werden bzw. von Algorithmen und/oder künstlicher Intelligenz bzw. Robotern erledigt werden. Es wird sinnvoll sein, sich mit solchen automatisierbaren Inhalten und Fertigkeiten zu beschäftigen, gerade wenn es um Grundlagen geht, aber sie sollten nicht das wesentliche Bildungsziel darstellen. Gleichzeitig muss gesichert sein, dass Menschen sich ihr persönliches Lernnetzwerk aufbauen, das weit über klassische, lineare Formen des Lernens hinausgeht,[38] um kreative, produktive Prozesse anzustoßen, die Computer so nicht leisten können.

---

[37] Vgl. Coy, Wolfgang: Die Turing-Galaxis. Computer als Medien. Vortrag auf der Konferenz Interface II in Hamburg, 1993.
[38] Weiterführend dazu: Rosa, Lisa: Lernen Lernen lernen mit dem persönlichen Lernnetzwerk. Wie im digitalen Zeitalter eigensinnig und gemeinsam gelernt wird. https://shiftingschool.wordpress.com/2013/05/10/lernen-lernen-lernen-mit-dem-persönlichen-lernnetzwerk-wie-im-digitalen-zeitalter-eigensinnig-und-gemeinsam-gelernt-wird/ (29.08.2019).

Exkurs nach Fernost:

Jack Ma, der Gründer von Alibaba, einer der größten Verkaufsplattformen der Welt, hat in einer viel zitierten Pressekonferenz beim Weltwirtschaftsforum in Davos 2018 skizziert, welche Fähigkeiten und Inhalte in der Schule thematisiert werden sollten. Ma war übrigens vor seiner Karriere als Unternehmer selbst Lehrer und interessiert sich seither stark für Bildungsfragen. In China gilt er als Visionär. Er fordert in besagter Pressekonferenz die Abkehr von der Wissensvermittlung durch Lehrkräfte, indem er sinngemäß fordert, die folgenden Bereiche in der Schule in den Blick zu nehmen:

- Werteerziehung
- eigenständiges Denken
- Teamwork
- Fürsorge für andere Menschen
- Unterricht in Sport, Unterhaltung, Musik und Kunst[39]

Ma zielt hier auf diejenigen Fähigkeiten ab, die den Menschen menschlich machen und ihn von einer Maschine unterscheiden. Hier findet sich eine Parallele zu den sogenannten 4 K: Kreativität, Kommunikation, Kollaboration und kritisches Denken. Dieses Modell, von Andreas Schleicher in die Debatte in Deutschland eingeführt, geht davon aus, dass diese 4 K zentral für die Lernenden des 21. Jahrhunderts sind. Sie beschreiben überfachliche Kompetenzen, da in der Arbeitswelt zunehmend komplexes Denken, Eigenverantwortung und die Fähigkeit zur Kooperation gefragt sind. Im selben Maße steigt die Komplexität gesellschaftlicher Probleme, von Klafki „Schlüsselprobleme" genannt. Viele dieser Herausforderungen sind nur noch mit kollektiver Intelligenz bearbeitbar.[40]

Man muss insgesamt allerdings kritisch anmerken, dass es nicht nur um die Komplementarität des Lernens zu dem gehen kann, was Technik übernehmen kann. Damit sind wir als Menschen vermutlich zu sehr von der Entwicklung der Technik abhängig und auf sie bezogen.

---

[39] World Economic Forum 2018, https://www.youtube.com/watch?v=4zzVjonyHcQ (28.10.2019).
[40] Rosa, Lisa: Verlust und Gewinn – Lernen und Lehren im Medienumbruch. https://prezi.com/ys9g0sh5tvys/verlust-und-neugewinn-lernen-und-lehren-im-medienumbruch/ (29.08.2019).

Die Digitalisierung der Lehre wird oft missverstanden

Wie in Teil II, 4 dargelegt, geht es nicht um die grundsätzliche Frage, ob Digitalisierung umgesetzt wird, sondern wie. Dabei gibt es verschiedene Missverständnisse und problematische Weichenstellungen, bei denen zu wenig reflektiert wird, welchen pädagogischen und didaktischen Nutzen Digitalisierung mit sich bringt.
Ein Beispiel für eine problematische Nutzung digitaler Medien in Schule und Ausbildung liegt im Bereich Gamification. Vielfach werden Spiele bereits genutzt, um Grundlagenwissen für den entsprechenden Lernbereich zu vermitteln. So kann Motivation erzeugt und ein nachhaltiges Lernen erreicht werden. Allerdings wird in gamifizierten Lernsettings immer der Weg vom Spiel selbst vorgegeben, es entsteht oft kein Freiraum für kreative (= freie) Lösungen, weil diese von Algorithmen nicht bewertbar sind. Hier liegen die Grenzen dieses Ansatzes.
In ähnlicher Weise sind interaktive Whiteboards zu bewerten. Noch immer scheinen sie von Schulen neu gekauft und installiert zu werden, obwohl ältere, gebrauchte Exemplare bereits die Verkaufsplattformen im Internet fluten, sich also anscheinend in der Praxis nicht bewährt haben. Interaktive Whiteboards sind sehr teuer, sie sind in ihrer Funktion zunächst schlechtere Tafeln (weil sie ggf. nicht sofort zur Verfügung stehen als Schreibfläche, sondern erst hochfahren müssen) und bieten nur wenige wirklich relevante Zusatzfunktionen, deren Bedienung oft vor dem ersten Benutzen erklärt werden muss, und sie zementieren häufig einen lehrerzentrierten Frontalunterricht. Denkt man den Unterricht von den Schülerinnen und Schülern her, so ändert sich für diese durch diese technische Anschaffung praktisch nichts.
Eine kleine Randbemerkung: Aktuell würde man eher die Anschaffung großer Bildschirme mit allen relevanten Anschlüssen und Streamingmöglichkeiten empfehlen; diese sind günstiger und lassen noch finanzielle Möglichkeiten zur Ausstattung der Schülerinnen und Schüler für das dezentrale Arbeiten.

Projektlernen als wichtige Lernform

Wir sind überzeugt, dass Projektlernen eine zentrale Lernform in der Schule werden muss, um im Zeitalter von Digitalisierung und Globalisierung die nötigen Kompetenzen zu erwerben. Susanne Hensel-Börner, Professorin für BWL an der Hamburg School of Business Administration, schreibt dazu: „Im Projektlernen arbeiten die Lernenden an konkreten Fragestellungen. Der Schulalltag, Forschungsfragen und das soziale und gesellschaftliche Umfeld bieten von sich aus eine Fülle von Herausforderungen und Fragen. Wenn sich die Lernenden nun mit den Fragen identifizieren, wird die notwendige Motivation entzündet, selbst nach Antworten zu suchen. Genau dann und nur dann kommen die Lernenden vom passiven Hören ins aktive Tun. Statt vorgefertigte und didaktisch aufbereitete Lehrinhalte wiederzugeben, geht es um das selbstständige Erarbeiten von Lösungen."[41]

Gibt man dem Projektlernen strukturell Vorrang, dann müssen sich natürlich vor allem die Prüfungsformen ändern. Es mutet z. B. geradezu absurd an, dass wir Kollaboration bzw. Teamarbeit pädagogisch betonen, diese aber in Prüfungssituationen systematisch ausschalten. Erst mit der Veränderung der Abschlussprüfungen ändert sich auch der Unterricht, d. h., es braucht z. B. Prüfungen, in denen Teamarbeit bewertet wird.

Gleichzeitig werden Grundlagenwissen und Fachlichkeit nicht obsolet werden: Gute Lösungen finden sich immer erst in der Kooperation von Fachexperten, sonst bleiben die Lösungen oberflächlich. Dieses Grundlagenwissen sowie fachwissenschaftliche Kategorien werden nicht nur in Projekten erlernt werden können.

Flexible Schulkarrieren und Lernwege: „Lernen im eigenen Takt"

In der Schule der Zukunft werden Möglichkeiten geschaffen sein, wie sich unterschiedliche Jugendliche auf unterschiedlichen Wegen in unterschiedlichen Zeiten und Zeiträumen die Qualifikationen erwerben, die sie für die Gestaltung ihrer Zukunft brauchen.

Wir merken, wie die Heterogenität in unserer Gesellschaft, direkt bemerkbar bei den Biografien der Jugendlichen, immer weiter zunimmt. Gleichzeitig werden in einer zunehmend von Digitalisierung geprägten Welt die Anforderungen an die Qualifikation wachsen. Einfache Tätigkeiten werden durch Maschinen übernommen. Also hat die Gesellschaft die Aufgabe, allen Jugendlichen die für sie bestmögliche Qualifikation zu ermöglichen. Das führt zwangsläufig dazu, Bildung „im eigenen Takt" zu ermöglichen als Antwort auf die zunehmende Heterogenität und die Notwendigkeit von qualifizierten Bildungsabschlüssen.

---

[41] Hensel-Börner, Susanne: Wie sollte Bildung sich im Zeitalter der Digitalisierung und Globalisierung verändern? https://www.forum-csr.net/News/12430/PldoyerfreineWhrungsreforminderBildung.html?_newsletter=195&_abo=25532 (31.10.2018).

Ein Beispiel, wie dies gelingen kann, ist dabei das Konzept: „Abitur im eigenen Takt"[42].

Beim „Abitur im eigenen Takt" soll eine Form der zeitlichen Flexibilisierung ermöglicht werden: Schülerinnen und Schüler können die Qualifikationsphase der Oberstufe auf dem Weg zum Abitur in zwei oder drei Jahren absolvieren durch eine Form der Modularisierung in Halbjahren. So kann man bestimmte Fächer z. B. nach zwei Jahren absolvieren und Teilprüfungen ablegen, andere nach drei Jahren. Man kann dazwischen ein Praktikum, einen Auslandsaufenthalt, ein freiwilliges soziales Halbjahr einfügen oder einzelne Kurse wiederholen.

Warum ist dies aber bisher nicht möglich – und mit einer Ausnahme nicht einmal als Schulversuch erlaubt? Unser Bildungssystem in Deutschland ist gefangen in der Normierung von Lernwegen. Wir schreiben die Stundenzahl vor, die ein Schüler in jedem Fach Unterricht bekommen haben muss. Wir schreiben vor, auf welchem Weg man einen mittleren Bildungsabschluss erzielen kann. Dabei gibt es immer mehr unterschiedliche Schultypen im Bereich der Sekundarstufe I und Sekundarstufe II in Deutschland. Die Wege zum Abitur werden immer ausdifferenzierter und unübersichtlicher.

Auch die Digitalisierung wird das Ihre dazu beitragen, dass Schülerinnen und Schüler ihre ganz eigenen Wege auch ohne entsprechenden Unterricht finden können, sich das notwendige Wissen und die notwendigen Kompetenzen anzueignen.

Die KMK ist in der Zwischenzeit dabei, Standards festzulegen, welches Niveau in den zentralen Fächern erreicht werden muss durch gemeinsame Abituraufgaben für alle Schülerinnen und Schüler in Deutschland.

Hier wird aus unserer Sicht ein wichtiger Schritt zu einem Paradigmenwechsel vollzogen: Die Wege zum Erwerb von Fertigkeiten, Wissen und Kompetenzen werden weniger wichtig als die Kompetenzen, die erreicht werden.

Nur ist sich bisher die KMK noch nicht klar, dass hier wirklich ein Paradigmenwechsel vollzogen wird. Deshalb bleiben alle bisherigen formalen Normen erhalten und die kriterialen Normen kommen additiv hinzu. Dies wird sich in den nächsten Jahren ändern müssen, davon sind wir fest überzeugt, wie es in praktisch allen Ländern längst Praxis ist, die in internationalen Vergleichsstudien deutlich vor Deutschland liegen.

Wir sind in Deutschland in der absurden Situation, dass wir im Primar- und im Sek.-I-Bereich, aber auch im Studium weitgehend flexible Strukturen anbieten,

---

[42] Vgl. Förtsch, M. / Stöffler, F. (Hrsg.): Abitur im eigenen Takt. Beltz, 2014.

um Abschlüsse und Klassenziele zu erreichen, ausschließlich bei den zwei Jahren zum Abitur ist jede Form der Flexibilisierung tabu. Dass dies im Zuge der Entwicklung einer Schule mit unterschiedlichen digitalen Lernformen langfristig keinen Bestand haben wird, muss jedem klar sein.

Den „New Millennium Learners" gerecht werden: Deeper Learning

In einem Vortrag für die Deutsche Schulakademie[43] skizzierte Frau Prof. Anne Sliwka von der Universität Heidelberg die sogenannten „New Millennium Learners" mit folgenden Merkmalen:
- Sie holen sich Zugang zu Informationen nicht über gedruckte oder digitale Quellen.
- Sie priorisierten audiovisuelle Zugänge: Bilder, Filme, Musik vor Text.
- Sie erwerben ihr Wissen durch nicht lineare Informationen.
- Sie führen soziale Beziehungen auch in virtuellen Welten fort sowie in Formen und mit sozialen Codes, die vielen Erwachsenen weitgehend unzugänglich, weil unverständlich sind.
- Sie schaffen Normen, wie z. B. die schnelle Reaktion in Kommunikationsprozessen (z. B. die zügige Antwort bei WhatsApp® oder ein zeitnaher Like bei Instagram®).
- Die Herausforderungen bestehen vor allem im häufigen Multitasking und in Problemen bei der Fokussierung und der Konzentration.

Eine Möglichkeit, diesen „New Millennium Learners" auf der Unterrichtsebene gerecht zu werden, könnte das Konzept „Deeper Learning"[44] darstellen, das von der Heidelberg School of Education vorgedacht wird. Dem Firstwald-Gymnasium dient es als pädagogische Grundlage für den Prozess „Zeitgemäß Lernen", der im letzten Teil dieses Buchs entfaltet wird.

Das Modell geht in aller Kürze formuliert von drei Phasen des Unterrichts aus:
1. Instruktion
   Zu Beginn steht das Verstehen von fachlichen Schlüsselkonzepten und Kategorien. Dieser Prozess findet nicht nur durch die Lehrkraft mit ihrem Expertenwissen statt, sondern auch digital gestützt. Hier entstehen Wissensgrundlagen.

---

[43] Nachzusehen hier: https://www.deutsche-schulakademie.de/aktuelles/aktuelle-meldung/vortrag-von-frau-prof-dr-anne-sliwka-ibw-universitaet-heidelberg/ (28.10.2019).
[44] Näheres zum Unterrichtsmodell „Deeper Learning": https://hse-heidelberg.de/hsedigital/hse-digital-teaching-and-learning-lab/deeper-learning-initiative/das-deeper-learning (28.10.2019).

2. Co-Konstruktion bzw. Co-Kreation
   In dieser Phase folgt dann die kollaborative Arbeit. In dieser soll das Wissen zum kreativen Arbeiten und zur Problemlösung angewendet werden. Lernende arbeiten in Teams. Sie haben die Möglichkeit, im Prozess bestimmte Entscheidungen eigenverantwortlich zu treffen, erleben so Selbstwirksamkeit und Persönlichkeitsstärkung. Hier geht es um authentisches Arbeiten und Lernen. Lehrkräfte begleiten, unterstützen, fordern heraus, geben Feedback usw.
3. Präsentation
   Wenn Lernen und Arbeiten in der Schule authentisch sein soll, benötigt der Lernprozess auch eine Phase der Präsentation und Anwendung des Gelernten. Hier soll nicht nur die weit verbreitete PowerPoint-Präsentation gedacht werden, sondern auch Aufführungen, Ausstellungen, Publikationen für ein echtes Publikum oder eine Erfindung. Darin und danach findet sich auch die Möglichkeit zur Reflexion des Erlernten.[45]

Zum Abschluss noch ein kleiner Verweis auf das Center for Curriculum Redesign, einen Zusammenschluss von internationalen Institutionen, Verwaltungen, Wissenschaft, Stiftungen und Unternehmen, das vorschlägt, ein Curriculum zu entwickeln, das die Bereiche Wissen (fachlich wie fachübergreifend), Skills (Kreativität, kritisches Denken, Kommunikation, Kollaboration), Haltungen (z. B. Achtsamkeit, Neugier) und Reflexion („Meta-Learning") umfasst. Auch dieses Konzept trägt unter anderem die Bezeichnung „Deeper Learning" und will den Herausforderungen des 21. Jahrhunderts agil begegnen.[46]

Wer in diesem Abschnitt weitergehende inhaltliche Positionierungen vermisst hat: Wie wäre es mit der Ausrichtung von Schule am Konzept „Bildung für nachhaltige Entwicklung" der UNESCO, wie es sich die Schulen aus der Initiative „Schulen im Aufbruch" zum Ziel gesetzt haben? Hier wird eine „zukunftsfähige Schule" als Institution gesehen, die die Gesellschaft zukunftsfähig macht.[47]

---

[45] Vgl. ausführlicher: Sliwka, A. (2018): Pädagogik der Jugendphase: Wie Jugendliche engagiert lernen. Weinheim: Beltz.
[46] Vgl. Fadel, Ch. et al. (2017): Die vier Dimensionen der Bildung: Was Schülerinnen und Schüler im 21. Jahrhundert lernen müssen. Hamburg: ZLL21 oder auch: https://curriculumredesign.org (28.10.2019).
[47] Das beschreibt die ehemalige Schulleiterin der Evangelischen Schule Berlin Zentrum, Margret Rasfeld ausführlich: vgl. Rasfeld, Margret / Breidenbach S. (2014): Schulen im Aufbruch – eine Anstiftung. Kösel.

Teil II: Leitprinzipien der Schulentwicklung

1 Nur aus Chaos kann neuer Kosmos entstehen

Vorbemerkung

Dieses erste Leitprinzip ist besonders umstritten und gleichzeitig für die Schulentwicklung – wie jede Entwicklung in unterschiedlichen Organisationen – besonders wichtig. Deshalb greifen wir, um hier die Position verständlich zu machen und herzuleiten, auf drei ganz verschiedene grundlegende Klassiker zurück:

a) die priesterschriftliche Schöpfungserzählung der Bibel von 600 v. Chr.
b) das Buch „Zufall und Notwendigkeit: Philosophische Fragen der modernen Biologie" von 1970 des französischen Biologen und Nobelpreisträgers Jacques Monod, das aus einer atheistischen Position die philosophische Bedeutung der Evolutionstheorie beleuchtet.
c) die Paradigmatheorie von Thomas Kuhn, der mit seiner Theorie mit dem damaligen Verständnis auch in der Naturwissenschaft aufräumte, dass Entwicklung linear voranschreitet.

Die biblische Schöpfungsgeschichte

Die priesterschriftliche Schöpfungserzählung der Bibel von 600 v. Chr. ist ein Klassiker der Weltliteratur und einer der spannendsten Texte der christlich-jüdischen Tradition. Wir sind der Überzeugung, dass dieser Text für unsere Leitprinzipien wichtige Impulse zu bieten hat, die auch nicht religiös strukturell interpretiert werden können, auch für all die, die andere Weltanschauungen haben.

Wir setzen hier selbstverständlich keine christlich-jüdische Weltanschauung voraus, sondern sind der Überzeugung, dass die Interpretation dieser Texte sich für Menschen aller Weltanschauungen erschließt.

„Und die Erde war ein Tohuwabohu und Finsternis lag auf der Tiefe; und der Geist Gottes schwebte über dem Wasser. Und Gott sprach: Es werde Licht! Und es ward Licht. Und Gott sah, dass das Licht gut war. Da schied Gott das Licht von der Finsternis und nannte das Licht Tag und die Finsternis Nacht. Da ward aus Abend und Morgen der erste Tag."

So beginnt die biblische Schöpfungserzählung in Genesis 1.

In fast allen biblischen Auslegungen wird dieser Urzustand des Tohuwabohu eher als Defizit (oder gar als Werk des Teufels) verstanden. Die Erde war, laut Bibel, noch wüst und leer. Gott hatte die Erde noch nicht vollendet geschaffen. Man könnte sich aber vorstellen, dass gerade dieses Tohuwabohu Teil des schöpferischen Handelns und als solches Voraussetzung der schöpferischen Entwicklung war.

Man kann sicher nicht sagen, und unsere Erfahrung wird dies bestätigen, dass aus Chaos immer Kosmos entsteht. Es gibt leider sehr viel Chaos, das eben auch chaotisch bleibt und destruktiv wirkt und nichts Konstruktives in sich trägt. Es lohnt sich deshalb, nochmals genauer den Schöpfungsbericht anzuschauen: Wie genau wird aus Chaos Kosmos? Einige wesentliche Schritte werden daran deutlich:

1. Schritt: „Und Gott sprach"
Schöpfung ist immer ein Kommunikationsgeschehen. Neues entsteht in einem kommunikativen Prozess, indem jeder mit seinen schöpferischen Ideen zur Sprache kommt. Da wir Autoren davon ausgehen, dass alle als „Ebenbild Gottes" in unserer Welt schöpferisch tätig sein können und sollen, ist für uns genau dieser kommunikative Prozess, in dem sich alle einbringen können, enorm wichtig (vgl. Leitprinzip 2: „Alles Gute kommt von unten").

2. Schritt: Es werde Licht!
Licht ist Energie. Schöpferische Ergebnisse sind in chaotischen Verhältnissen nur dann zu erwarten, wenn Energie ins System kommt. Wie solche Energien ins System kommen, wie Energiefresser erkannt und entlarvt werden, wird in den Leitprinzipien 5–7 erläutert.

Licht im System bedeutet aber auch, dass wir uns die Situation genauer ansehen können. Solange alles dunkel ist, ist auch eine Unterscheidung und damit das Schaffen einer Ordnung nicht möglich.

3. Schritt: „Da ward aus Abend und Morgen der erste Tag"
Es kommt eine zeitliche Struktur und Ordnung dazu. Ohne Zeit, geordnete Zeit, wird nie aus Chaos Kosmos werden, übrigens auch nicht ohne Ruhephasen (Erschaffung des Sabbat).

4. Schritt: Gott unterscheidet und schafft dadurch „Ordnung":
Licht wird von Finsternis geschieden, Erde von Land, oben von unten. Wo es keine Strukturen gibt, die das Chaos ordnen helfen, bleibt es Chaos. Solche ordnenden Elemente sind für uns die „Instrumente der Schulentwicklung" (vgl. Teil I, 3).

Jacques Monod: „Zufall und Notwendigkeit"[48]

Auch in dem lesenswerten Buch von Jacques Monod „Zufall und Notwendigkeit", welches die Grundstrukturen der Evolutionstheorie beschreibt, wird dieser Sachverhalt deutlich:

Wenn chaotische Elemente (Mutationen) vorkommen, ist auch eine Weiterentwicklung im Rahmen von vorhandenen Gesetzmäßigkeiten und klaren Regeln möglich. Nur chaotische Elemente ermöglichen, wenn sie in Regeln integriert sind, eine Weiterentwicklung.

Ganz ähnlich argumentieren übrigens auch Manfred Eigen und Ruth Winkler in dem Buch „Das Spiel. Naturgesetze steuern den Zufall"[49]. Generell gilt diese Regel für viele Formen des Spielens: Die allermeisten Brett- und Kartenspiele enthalten viele Formen des Zufalls bzw. Chaos (Würfel, Karten mischen usw.) in Kombination mit Regeln und Spielraum für individuelle Entscheidungen bzw. Strategien. Auch hier machen wir die Erfahrung, wie in der Mischung dieser Elemente Raum für Kreativität, aber auch Energie entsteht und jedes Spiel anders verläuft, d. h. Neues dabei entsteht.

---

[48] Monod, Jacques: Zufall und Notwendigkeit. Philosophische Fragen der modernen Biologie, München: Piper 4. Auflage 1979.
[49] Eigen, Manfred / Winkler, Ruth: Das Spiel. Naturgesetze steuern den Zufall, München: Piper 1975.

Kuhns Paradigmatheorie

Aus einer ganz anderen Perspektive, aber mit ähnlichem Effekt für das Verhältnis von Chaos und Kosmos wird dies im Klassiker zur Paradigmatheorie von Thomas S. Kuhn[50] entfaltet.
Er beschreibt dabei, wie die Entwicklung naturwissenschaftlicher Theorien vonstattengeht.
Dabei kommt er zur Erkenntnis, dass es eben nicht, wie man normalerweise denkt, einfach eine Höherentwicklung und kumulative Erweiterung der bestehenden Theorien gibt, sondern dass es hier immer wieder zu Revolutionen kommt, das heißt, das bisherige Denken wird durch neue Bilder beschrieben. Neue Regeln, die den alten widersprechen, kommen ins Spiel. Auch hier gilt: Ein neues Paradigma, ein neuer Denkansatz setzt eine Phase voraus, in der die bisherige Theorie fragwürdig geworden ist, nicht mehr alle vollkommen zufriedenstellt. So entsteht eine „chaotische" Phase, in der die alten Regeln für manche oder für viele fragwürdig geworden sind und ein neues Regelwerk noch nicht da ist, sodass auch noch niemand genau weiß, wie das neue Paradigma aussehen wird.
Solche Phasen sind immer auch Phasen der Krise: Das Alte taugt nicht mehr wirklich, das Neue ist noch nicht da.[51] Nun ist es wichtig, auch im schulischen Kontext solche Umbruchsphasen, solche Phasen der Krise zu erkennen und entsprechend zu agieren. Thomas S. Kuhn zeigt aber: Genau solche Phasen sind in der Geschichte immer Voraussetzung für wissenschaftliche Entwicklung, ohne solche Phasen gibt es zwar Phasen der Verfeinerung einer Theorie, was Kuhn mit dem Begriff „normale Wissenschaft" beschreibt, aber nicht wirklich neue Theorieentwicklung. „Die normale Wissenschaft strebt nicht nach neuen Tatsachen und Theorien und findet auch keine, wenn sie erfolgreich ist"[52]. Genauso ist die normale Schulorganisation darin erfolgreich, dass nichts Neues entsteht, dass alles in geordneten Bahnen verläuft und die Schule im normalen Alltag funktioniert. Einen Paradigmenwechsel hingegen „bewirken grundlegend neue Fakten und Theorien" und dies beschreibt er mit dem Begriff der „Revolution". Eine Revolution ist aber immer auch gekennzeichnet durch chaotische Aspekte.

---

[50] Kuhn, Thomas S.: Die Struktur wissenschaftlicher Revolutionen 1970, 2. rev. Auflage, Frankfurt: 1976.
[51] „Vielmehr führt die normale Wissenschaft (…) letztlich nur zum Erkennen von Anomalien und zu Krisen. Und diese werden nicht durch Überlegung und Interpretation, sondern durch ein relativ plötzliches und ungegliedertes Ereignis gleich einem Gestaltwandel beendet." (Kuhn 1970:134).
[52] Ebd. S. 65.

Es gäbe hier noch einige weitere mögliche Bezugspunkte, etwa die Chaostheorie, wir wollen uns aber auf diese Beispiele und Begründungszusammenhänge beschränken. Was allen gemein ist, ist die Erkenntnis: Nur wenn vorher – neben durchaus vorhandenen geordneten Strukturen – auch chaotische Rahmenbedingungen herrschen, kann neues Geordnetes entstehen. Ausführlich kann man dies beim Schulentwicklungsprozess zum Thema „Zeitgemäß Lernen" entdecken (vgl. Teil III, 1), aber auch bei den Instrumenten der Schulentwicklung (vgl. Teil I, 3), die bewusst Raum für Chaos lassen.

Was verstehen wir unter „Chaos"?

Wir wollen zunächst verständlich machen, wie wir den Begriff Chaos verwenden und was dies im Schulalltag ganz praktisch heißt.

I. Zufällige Zusammensetzung von Personen

1. Die zusammenkommenden Personen sind zufällig, z. B. sind alle eingeladen, wer aber wirklich da ist, ist weder ausgewählt noch vorhersehbar, und es ist auch nicht durch Gremien festgelegt.
2. Es kommen Personen zusammen, die normalerweise eher strukturell getrennt über schulische Dinge nachdenken und beraten: Schulleitung, Lehrkräfte, Eltern, Schülerinnen und Schüler, evtl. Schulträger, Partner der Schule, Hauswirtschaft, Hausmeister usw.

II. Prozesshafte Form des Tagens (d. h. nicht nur mit einer festen Tagesordnung)

Im Verlaufe einer Tagung kristallisiert sich manchmal erst heraus, wie die Tagung ablaufen wird, worüber gesprochen wird, auch was die Ergebnisse sein können. Hierzu gibt es in der Zwischenzeit auch methodisch vielfältige Formen, wie dies organisiert werden kann: Open Space, World-Café, Barcamp/Unkonferenz, um nur einige Formen dazu zu nennen.

III. Wesentliches geschieht in den Pausen

Pausen zeichnen sich dadurch aus, dass es keine Rednerliste gibt, dass nicht geregelt ist, wer mit wem worüber redet, dass nichts protokolliert wird, dass nachher die Gesamtgruppe auch gar nicht wissen will und weiß, worüber geredet wurde.

Ordnende Elemente

Trotzdem sind bei einer solchen Tagung ganz klar Ordnung schaffende Strukturen vorhanden:
1. Die Menschen, die dabei sind, sind praktisch 24 Stunden am selben Ort und melden sich dafür auch an.
2. Es gibt in der Regel zwei Personen, die ein solches Zusammentreffen moderieren und leiten.
3. Es ist unausgesprochen und ohne formale Verpflichtung, aber allein schon durch die Anmeldung klar, dass wir miteinander an einem großen Ziel arbeiten, nämlich unsere Schule zukunftsfähig und zum Wohle der Schülerinnen und Schüler weiterzuentwickeln.
4. Alle Personen, die dabei sind, stimmen unausgesprochen der Regel zu, dass alle sich in einen Kommunikationsprozess einbringen.

Es ist wie in den oben erwähnten Beispielen aus Bibel, Evolutionstheorie unter anderem ein Zusammenspiel von Zufall und Notwendigkeit, von Tohuwabohu und Licht, von Schöpfungstagen und Kommunikation.

Raum für Chaos schaffen

Es gibt Schulen und Situationen – insbesondere dann, wenn etwas wirklich Neues geschaffen werden muss, was noch nie da war –, wo das Chaos vorhanden ist und man Chaos ordnende Strukturen schaffen muss. Jedes Projekt beginnt chaotisch, das lernt man auch in guten Projektmanagementkursen so. Wenn etwas Neues wie ein Projekt entsteht, dann kann es dafür noch keine klaren Rahmenbedingungen geben.

Also braucht es hier neues Denken und neue Strukturen: Es braucht Strukturen, die dem Chaotischen Raum gewähren, ja geradezu eine Form eines geordneten Chaos generieren. Nur dann, wenn wir für Chaotisches Raum schaffen, entsteht etwas, in dem sich Neues ereignen kann. Wie das gelingen kann, zeigen insbesondere die „Instrumente der Schulentwicklung" (vgl. Teil I, 3).

Eine Nebenbemerkung: Innovation in Deutschland, aber auch anderen Teilen der Welt, geschieht häufig nicht in den großen Firmen und alten Organisationen. Man spricht von Start-ups, d. h. kleine, flexible, chaotische Neugründungen, in denen neue Ideen entstehen. In der Wirtschaft gibt es diese Start-ups, die für Innovation sorgen. In der Schule gibt es kaum oder keine Start-ups bzw. werden sie durch Regeln strukturell verhindert. Dennoch, der Nebeneffekt ist:

Innovative Ideen finden in deutschen Schulen kaum Raum, sich entfalten zu können, weshalb wir, was Chancengleichheit und Zukunftsfähigkeit von Schule anbelangt, noch deutlichen Optimierungsbedarf haben.

Unser erstes Leitprinzip lautet:

Nur wenn vorher Chaos war, kann etwas Neues, eine neue Ordnung entstehen

Geordnete Systeme, insbesondere in der Schule, aber natürlich auch in Wirtschaft und Verwaltung und Kirche, sind in aller Regel hierarchische, geordnete Systeme. Ein Kennzeichen von hierarchischen Systemen ist, dass Neues nur von oben nach unten entstehen kann und umgesetzt wird, wie z. B. Verwaltungsvorschriften, neue Bildungspläne oder neue Strukturen. Untere Ebenen erleben sich dabei als Bittsteller und Befehlsempfänger. Sie müssen selbstverständlich den Dienstweg einhalten (Näheres dazu im Leitprinzip 2: „Alles Gute kommt von unten!").
In geordneten Systemen ist geregelt, wer wofür zuständig ist, wer welche Kompetenzen hat, welches Gremium welche Entscheidung zu treffen hat. In geordneten Systemen ist auch geregelt, welche Wege eingeschlagen werden müssen, wenn jemand etwas verändern will.

Vieles davon ist grundsätzlich richtig und wichtig. Ordnungen, Erlasse, Gesetze sind notwendig. Sie geben uns Regeln vor, sodass wir uns nicht ständig in Situationen finden, die beispiellos sind. Wir sind dadurch in unserem Verhalten auch juristisch abgesichert. Sogar demokratische Mitwirkung ist hier geregelt: Wo dürfen und sollen Schülerinnen und Schüler, Eltern sowie Lehrkräfte mitsprechen und mitentscheiden? Deren Vertreter werden in Gremien gewählt und so ist formal die Mitwirkung aller beteiligten Gruppen gewährleistet. Man muss die Chancen von solchen geordneten Systemen erkennen.

Aber wir müssen auch die Grenzen von solch geordneten Systemen erkennen: Wie entsteht Neues? Wie entsteht neues Denken, eine neue Idee, eine neue und bessere Praxis? Das kann alles auch entstehen, aber genau darüber ist nichts geregelt, da ist sehr viel Zufall:

In Gremien?
- Gibt es einen Menschen, der zufällig in einem Gremium sitzt und der eine neue Idee hat, und gibt es dann **Resonanz** dafür?
Und findet dies im Gremium eine Mehrheit? Oder verhindert schon die Tagesordnung, dass man über so eine neue Idee ins Gespräch kommt?

Von oben?

- Gibt es im Ministerium oder in der Schulleitung selbst jemanden, der neue Ideen alleine generiert und diese dann als Teil eines hierarchischen Systems von oben nach unten durchsetzt?

Sie merken schon: Es ist in solchen geordneten Systemen nicht prinzipiell ausgeschlossen, dass Neues entstehen kann, aber in hierarchischen Systemen ist es purer Zufall, was an Neuem entsteht – meist aus der Not geboren, weil etwas Bestehendes in eine Krise geraten ist. Und die Frage ist und bleibt: Ist das Neue dann ein großer Wurf, der wirklich etwas verändert, ein Paradigmenwechsel, oder eigentlich nur eine mehr schlechte als rechte Reparatur des Bestehenden?

Ein leider weitreichendes Beispiel für solche „Verschlimmbesserungen" ist der Umgang in Deutschland mit G8 und G9. Zuerst wird meist unreflektiert, ohne z. B. zu bedenken, dass im G8 unter Beibehaltung der Stundenzahlen und Bildungsinhalte durch die zusätzlichen Wochenstunden in allen Klassenstufen mit viel Nachmittagsunterricht praktisch die Ganztagsschule entsteht, ein achtjähriges Gymnasium in fast allen Bundesländern entwickelt. Dann wird, weil das nicht so gut funktionierte, nach ca. zehn Jahren wieder G9 eingeführt, ohne genau zu überlegen, wie sich das nun auf die inzwischen auf den Ganztagsbetrieb ausgerichtete Familienstruktur auswirkt, wenn man nun praktisch wieder die Halbtagsschule durch die Reduktion der Wochenstunden einführt. Ein gestaltender Prozess unter Einbeziehung von vielen Eltern, Schülerinnen, Schülern und Lehrkräften hätte hier enorme Kosten erspart und gleichzeitig eine Weiterentwicklung des Schulsystems in Deutschland ermöglicht.

Ohne die kritische Beteiligung von vielen anderen, die ihre Bedenken einbringen, die selbst Energien haben, und sich von dieser Idee anstecken lassen, funktioniert es nicht.
Eigentlich ist das System unserer Entscheidungsfindung genau darauf weder aus- noch eingerichtet. Eine Entwicklung von Neuem ist im geordneten System gegen das System gerichtet.
Denn für alle, die Neues wagen wollen, ist dieses System geeignet, ihre Energie zu bremsen, weil alles ja in geordneten Bahnen verlaufen soll. Die Erfahrung zeigt aber, dass innerhalb der Gremien, die auch einer klaren Geschäftsordnung folgen, z. B. die manchmal gängige Praxis, dass Anträge nur dann abgestimmt werden können, wenn sie schon in der Einladung verschickt sind und auf der Tagesordnung stehen, dies, um es vorsichtig auszudrücken, nur wenig Spiel-

raum für Kreativität lässt, was dann gut ist, wenn man sich der Grenzen von Gremien bewusst ist (vgl. Teil II, 3).

Übrigens sind sich die Kultusministerien dessen bewusst. Deshalb wird punktuell diese Erfahrung z. B. in Prozessen von „neuen Bildungsplänen" auch durch „Anhörungen" berücksichtigt. Neuerungen werden vorher im Netz veröffentlicht und können von jedem, der will (chaotisch) kommentiert werden. Darin steckt ein Teil des Wissens, dass Neuerungen wirklich nur chaotisch entstehen bzw. zumindest unterstützt werden können.

Aber diese ganzen Prozesse bleiben auf halbem Weg stehen. Es werden Anhörungen eingefügt, aber keine wirkliche Beteiligung an Entwicklungsprozessen ermöglicht. Ein typisches, real erlebtes Beispiel sei hier aufgeführt:

An einer Grundschule ist die Schulleitung der Meinung, der Schulhof könnte neu und anders gestaltet werden. Dann werden an einem Nachmittag alle eingeladen, sich darüber Gedanken zu machen. Schülerinnen und Schüler malen ihren Schulhof, wie sie ihn sich wünschen, Eltern bauen aus Karton kleine Modelle. Dann aber geht der Prozess nicht gemeinsam weiter. Diese ganzen Ideen nehmen Schulleitung und Stadtverwaltung zur Kenntnis und entscheiden, was wie umgesetzt wird.

Dabei geht fast alles, was an diesem Nachmittag gedacht wurde, und letztlich noch viel mehr, verloren. Der Pausenhof wird ziemlich gewöhnlich gestaltet. Eltern werden zu keinem weiteren solchen Prozess bereit sein. Sie finden sich in den Entscheidungen nicht wieder und ihre Impulse versickern. Spinnen wir einmal die Alternative weiter: Die Eltern werden an weiteren Sitzungen beteiligt. Sie bringen die Idee eines Schulgartens ein und sind deshalb auch bereit, sich dort verantwortlich zu engagieren.

2 Alles Gute kommt von unten

Wenn man die Kriterien für eine agile Organisation genauer betrachtet (vgl. Teil I, 1 „Agile Schulentwicklung"), entdeckt man, dass die Merkmale 1, 3 und 4 durch einen gemeinsamen Aspekt verbunden sind: Es geht um die Beteiligung der Basis: Die handelnden Individuen sind wichtig. Die Zusammenarbeit mit den Kunden ist entscheidend und auch bei Kriterium 4 geht es darum, dass auf veränderte gesellschaftliche Rahmenbedingungen, die die Basis spürt und einfordert, reagiert wird.

Wir fordern hier auch ein radikales Umdenken bei allen Entwicklungsprozessen. Zunächst denken wir alle stark in hierarchischen Systemen: „Alles Gute kommt von oben." Was von unten kommt, wird zunächst als Störung betrachtet: „Jetzt wollen die Eltern oder gar die Schülerinnen und Schüler auch noch bei diesem Thema mitreden." Sollen sie doch uns als Experten und Zuständigen glauben und vertrauen, dass wir es schon besser wissen und richtig machen. Achten wir einmal darauf, wie oft wir in unseren Worten und Gedanken genau so argumentieren.

Deshalb ist unser Grundsatz genau in die umgekehrte Richtung: **Alle, die sich an einem Schulentwicklungsprozess beteiligen wollen, sollen die Chance dazu haben**, jeder Schüler, jede Schülerin, alle Eltern, alle Lehrkräfte, auch alle Vertreter von der Gemeinde, dem Schulträger, Vereinen usw. In einem internationalen Kongress evangelischer Schulen in Tansania haben wir diesen Grundsatz einmal vorgestellt. Die Rückfrage war sofort: Wie soll das funktionieren? Wir sind eine Schule mit mehr als 1000 Schülern. Wie kann man alle beteiligen?

Hier haben wir ein ganz einfaches Kriterium: „Alle, die sich beteiligen wollen, sollen sich beteiligen können." Um herauszufinden, wer sich beteiligen will, gibt es relativ einfache Instrumente:

Beispiel: Schulentwicklungsklausur
Wie diese Klausur organisiert ist und gestaltet wird, finden Sie unter „Instrumente der Schulentwicklung" (vgl. Teil I, 3). Deshalb soll hier nur noch auf den

einen, für dieses Thema wichtigen, Aspekt hingewiesen werden: Wir glauben, dass alle, egal ob sie Mitglieder eines Gremiums sind oder nicht, die Interesse und Energie mitbringen, an einem Thema mitzudenken, für das System wichtig sind und deshalb bei dieser Klausur, wo es darum geht, Neues zu entwickeln, dabei sein sollen: Lehrkräfte, Schülerinnen und Schüler, Eltern usw.

Wer nun ein wichtiges Anliegen hat bzw. wem dieses Thema, das dort verhandelt wird, wichtig ist, opfert dafür sogar seine Freizeit. Am Firstwald-Gymnasium gehen dort meist so um die 25 Personen mit: etwa zehn Lehrkräfte, das Schulleitungsteam, ca. fünf Schülerinnen bzw. Schüler und ca. fünf Eltern. Das ist eine Gruppe, die arbeitsfähig ist, und alle können sich einbringen.

Was würden wir machen, wenn sich nicht 25, sondern 100 beteiligen wollten? Das wurden wir gefragt, so als hätten wir dann ein großes Problem. Zunächst würden wir eine Schule, bei der 100 Leute sich an solchen Prozessen beteiligen wollen und dafür 24 Stunden ihrer Freizeit opfern, beglückwünschen!

Dann müsste man natürlich überlegen, ob man mit 100 Personen in eine Tagungsstätte fährt oder lieber einen Schulentwicklungstag an der Schule gestaltet.

Natürlich gibt es noch weitere Instrumente (vgl. Teil I, 3 „Instrumente der Schulentwicklung"), aber an diesem Beispiel wird eins deutlich: Es sind einerseits sehr einfache Instrumente (vgl. Teil II, 4 „Was nicht einfach geht, geht einfach nicht"), die aber zwei Kriterien direkt abprüfen:

a) Ist da jemand, der für eine Frage Energie mitbringt? Nur so ist jemand bereit (so viel Freizeit zu opfern).

b) Alle, die wollen, unabhängig davon, ob sie in bestimmten Gremien sind (vgl. Teil II, 3 „Nicht in Gremien denken"), können sich an solchen Prozessen beteiligen.

Die grundsätzliche Haltung aber ist und bleibt: „Alles Gute kommt von unten." Die Wahrheit ist: Die Perspektiven von Schülerinnen, Schülern und Lehrkräften sind nicht störend und nicht nur willkommen, sondern sie sind wesentlich für den Prozess der Schulentwicklung. Ohne diese Perspektiven würden wir uns einer wesentlichen Unterstützung berauben.

Was ist die Folge eines solchen Handelns? Es sind nicht die Lehrkräfte, die Schulleitung oder gar der Schulträger und die Kultusverwaltung, die im Wesentlichen Schule entwickeln, nein: Es sind alle Motivierten in ihrer Expertise gefragt.

Wie schon in Teil I, 3 beschrieben, ist für uns diese zufällige Auswahl aller Motivierten der Königsweg. Es braucht und gibt aber auch noch die ergänzenden Instrumente einer Vollversammlung, die Zufallsauswahl oder auch Ideen wie das „Projekt Aula" (vgl. Teil I, 3). Nur in der Verbindung verschiedener Instrumente können wir dem Leitprinzip „Alles Gute kommt von unten" gerecht werden.

 Eine kleine Anmerkung am Rande: Wie kommen – in Baden-Württemberg – Abituraufgaben und Bildungspläne zustande? Es tritt eine Expertenrunde, durchaus auch erweitert um „normale" Fachlehrkräfte zusammen, reicht Aufgaben ein und entwirft Pläne. Wer aber fehlt, sind Laien, also die von unten, und damit fehlt eine ganz wichtige Perspektive: Man bräuchte interessierte Laien, die bei Abituraufgaben oder Bildungsplänen immer wieder auch kritisch hinterfragen: Warum ist dieses Thema anscheinend so wichtig, dass das jetzt abgefragt wird? Dieselbe Frage müsste bei der Erstellung von Bildungsplänen gestellt werden. Deshalb gibt es bewusst Laienrichter, die ihr Urteil in wesentlichen Prozessen fällen, weil die Juristen dieses Wissen eigentlich hier einbringen: Sie als Experten können ein Urteil nicht besser fällen als Laien, die mit gesundem Menschenverstand und nicht nur mit juristischem Fachwissen an solche Fälle herangehen.
Wie wäre es, wenn nicht Experten, sondern Laien von unten – ähnlich wie bei den Gerichten – das letzte Wort über Bildungspläne und Abituraufgaben hätten?

3 Nicht in Gremien denken

Es gibt aus unserer Sicht bei Schulentwicklungsprozessen ein grundsätzliches Missverständnis. Nach dem Motto „Wenn du nicht mehr weiterweißt, dann gründe einen Arbeitskreis" werden Arbeitskreise und Gremien an Schulen installiert und eingesetzt. Daran ist zunächst einmal nichts falsch.

Einen Arbeitskreis zu gründen, hat folgende Vorteile:
1. Nicht eine Person denkt allein an einer Frage herum, sondern mehrere denken darüber nach.
2. Wenn es darum geht, einen Arbeitskreis zu gründen, ist er im besten Fall so konstruiert, dass diejenigen dabei sind, die sich zu diesem Thema oder dieser Frage kompetent fühlen und Energie dafür mitbringen.
3. Ein Arbeitskreis, der sich wiederholt trifft, kann ein Thema gründlich bearbeiten und vorantreiben.

Also zunächst spricht aus den oben genannten Gründen alles für Arbeitskreise. Schon etwas schwieriger und problematischer wird es beim Thema „Schulentwicklungsteam" – vielerorts „Steuergruppe" genannt. An vielen Schulen begegnet uns zunächst die auch grundsätzlich wichtige Einsicht: Ja, wir haben gemerkt, dass wir bei uns die Schulentwicklung steuern müssen, deshalb gibt es bei uns jetzt auch eine Steuergruppe.

Dennoch besteht dabei ein grundsätzliches Problem, denn zunächst ist unklar, um welches Thema es genau geht. Schulentwicklung kann alles sein, was sich in einer Schule an Veränderungsprozessen gerade darstellt: von der Weiterentwicklung der Methodenvielfalt im Unterricht, baulichen Veränderungen, Einzelarbeitsplätzen für Schülerinnen und Schüler, bis hin zum Thema „Digitalisierung". Allerdings:

1. Sind wirklich alle, die im Schulentwicklungsteam sitzen bei diesen Fragen kompetent und bringen sie dafür Fragen die nötige Energie mit?
2. Es sitzen vielleicht ganz viele nicht im Schulentwicklungsteam, die eigentlich dort hineingehören, weil sie gerade bei diesem Thema besonders kompe-

tent sind, weil sie für eine bestimmte Fragestellung besonders viel Energie mitbringen.

Und das scheint uns dabei das **Hauptproblem** zu sein:
Man schafft mit dem Schulentwicklungsteam bzw. der Steuergruppe eine Art schulisches Gremium, dem bestimmte Fragestellungen der Schule delegiert werden, mit einem bestimmten Arbeitsauftrag, mit klar delegierten Fragestellungen und Personen und ggf. noch mit einer bestimmten Entscheidungsbefugnis.

Genau das verstehen wir unter „In Gremien denken" und genau dies halten wir für problematisch.

Wir plädieren für genau die gegenteilige Struktur:
1. Es gibt keine festen Besetzungen, sondern immer sind zu allen Themen im Schulentwicklungsteam (bzw. der Steuergruppe) alle eingeladen, die an diesem Thema mitdenken wollen: alle Lehrkräfte, alle Schülerinnen und Schüler, alle Eltern.
2. Keine Entscheidungsbefugnis: Das Schulentwicklungsteam ist für die zu steuernden Prozesse verantwortlich, aber nicht dafür zuständig, Entscheidungen zu treffen.

Das ist eine der Konsequenzen, wenn wir sagen: „Nicht in Gremien denken."
Das Schulentwicklungsteam oder die Steuerungsgruppe an einer Schule muss flexibel, eben agil, sein und Raum für Chaos oder die Ideen aller lassen, die sich einbringen wollen. Das sind eben nicht nur die Gremienvertreter und die Schulleitung. Dazu gehört eine eindeutige Kommunikation, was wann Thema ist.[53]
Dazu gehören oft auch vorlaufende Gespräche im Kollegium:

„Wir denken gerade über die Frage nach, wie wir Schülerinnen und Schüler besser zur Selbstverantwortung erziehen können. Ich hab dich dabei immer als Verfechter von der Selbstverantwortung der Schülerinnen und Schüler erlebt. Wir brauchen dich dabei, wenn wir hier weiterkommen wollen." Oder auch umgekehrt: „Wir denken gerade über die Frage nach, wie wir Schüler besser zur Selbstverantwortung erziehen können. Ich hab dich dabei immer als Verfechter der Engführung von Schülerinnen und Schülern erlebt, und dass wir ihnen nicht so früh so viel Freiheit lassen können. Du bist mit deiner Position für diesen Prozess enorm wichtig, damit wir hier auch deine Bedenken berücksichtigen können."

---
[53] Flexibilität für akute Themen, die vorher nicht angekündigt wurden, ist, wie bereits gesagt, ebenso notwendig.

3 Nicht in Gremien denken

Ein weiterer Aspekt kommt hinzu:
Durch Gremien können in Schulentwicklungsprozessen nicht Schülerinnen und Schüler, Eltern und Lehrkräfte vertreten werden.
Oft glaubt eine Schule, und natürlich nicht nur die Schule, sie habe schließlich Gremien wie Elternbeirat, SMV, Schulkonferenz, gewählte Klassen- sowie Schülersprecherinnen und -sprecher. Sie beteilige diese an wichtigen Entscheidungen und damit sei die Mitwirkung aller relevanten Gruppen gewährleistet.
Genau dies ist nicht der Fall: Alle wissen, wie zufällig und damit in keiner Weise repräsentativ eine Wahl der Schüler- und Elternvertreterinnen und -vertreter ist.

„Eine Tagesordnung habend
kommt der Elternabend.
Zu Punkte eins ein wenig später:
die Wahl der Elternvertreter.
Jetzt heißt es, sich ducken,
Sich tot stelln, nicht aufmucken,
bis es einen andern getroffen hat.
Puh! Das ging ja noch mal glatt."
(Aus: Reinhard Mey: „Elternabend")

Ist das heute nicht im Wesentlichen noch genauso wie zu der Zeit (1992), als Reinhard Mey den Text geschrieben hat, und wenn ja, woran liegt das?[54]

Der Elternabend dient als „Gremium" in der Schule oft als Form der Scheinbeteiligung: Es wird so getan, als seien die Elternvertreter wichtig für Entscheidungen, in Wirklichkeit will die Schule aber gar keine Beteiligung der Eltern. Und so könnte man die weiteren Gremien alle durchgehen. Etwas spöttisch formuliert: Wer meint, die Elternvertreter würden die Eltern vertreten, der glaubt auch, dass Zitronenfalter Zitronen falten.

Nicht, weil sie es nicht wollen, aber natürlich können die Vertreter der jeweiligen Gruppen in bestimmten Prozessen nicht die gesamte Schulgemeinschaft vertreten, weder mit ihrer Position noch mit ihrem Know-how und auch nicht mit ihrer Energie. Denn es gibt z. B. Eltern, die beim Thema Digitalisierung einbezogen werden wollen, weil sie eine ganz eigene Meinung und eine ganz eigene Kompetenz zu diesem Thema mitbringen, aber eben zufällig keine Elternvertre-

---
[54] Hier lohnt sich ein Blick auf den gesamten Liedtext zur Frage, wie sich Eltern einbringen können in die Schulentwicklung.

ter sind. Wenn man dann noch in den Blick nimmt, wer sich überhaupt als Elternvertreter wählen lässt, sieht man: Es ist der gehobene Mittelstand mit einer sozialen Nähe zu Lehrern. Minderheiten werden in der Regel gar nicht vertreten. An dieser Stelle wird deutlich, dass wir hier andere Formen der Beteiligung brauchen. Deshalb sind Schulentwicklungsinstrumente nötig, die diese Gremien ergänzen und Raum für Chaos lassen (vgl. Teil I, 3 „Instrumente der Schulentwicklung").

Die Aufgabe von Gremien klar herausarbeiten

Ein letzter Punkt zur Rolle der Gremien: Wir wollen keine Gremien abschaffen, wir wollen nicht die grundsätzliche Schulordnung ändern, wir wollen auch keine Basisdemokratie einführen, die sich mit Geschäftsordnungsanträgen abmüht, die auch zufällige Mehrheiten bei Entscheidungen herstellt. Wir halten alle bestehenden Gremien für wichtig und wollen, dass sie die ihnen zustehende Aufgabe erledigen können: nämlich vorliegende Anträge und entscheidungsreife Beschlussvorlagen zu diskutieren, zu debattieren und letztlich **zu entscheiden**.

Wir gehen aber davon aus, dass die wesentlichen **Prozesse,** bis eine entscheidungsreife Beschlussvorlage da ist, außerhalb der Gremien und in flexiblen, chaotischen Strukturen erarbeitet werden sollen. Dann sind die Gremien dazu in der Lage, solche Entscheidungen auf einer guten Grundlage zu treffen. Übrigens geschieht dann häufig in den Gremien selbst nicht viel Überraschendes mehr, weil die Vorlage ja in einem langen Prozess, an dem sich alle beteiligen konnten, erstellt wurde.

Manchmal wurde und wird uns von Kolleginnen und Kollegen vorgeworfen: Die Entscheidung in der Lehrerkonferenz selbst geht zu schnell und die Mehrheit stimmt oft der Vorlage zu, die in einem solchen Prozess entstanden ist. Dieser Vorwurf kommt dann meist von Kolleginnen und Kollegen, die sich nicht in den Prozess eingebracht haben und erleben, dass ca. 80–90 % des Kollegiums dem vorgeschlagenen Ergebnis zustimmen.

Entscheidungen kommen also in den Gremien selbst auf ganz normale Weise zustande, wie es aufgrund der Geschäftsordnung vorgesehen ist, in ganz geordneten Bahnen und demokratischen Strukturen mit den gewählten Vertreterinnen und Vertretern. Aber die wichtigen, entscheidenden Prozesse laufen außerhalb dieser Gremien und bereiten die Entscheidungen so vor, dass nachher möglichst viele mit der Entscheidung gut leben konnten, jedenfalls alle, die wollten, die an diesen Prozessen beteiligt sein konnten. So kommt, unserer Erfahrung nach, auch eine wirklich gereifte Entscheidungsvorlage zustande.

Ein kleines Beispiel aus einem aktuellen Schulentwicklungsprozess: Nach Hospitationen an anderen Schulen zum Thema „Digitalisierung" haben wir unseren Prozess „Zeitgemäß Lernen" an der Schule mit einer Kick-off-Tagung von Schülerinnen und Schülern und Eltern gestartet. Die Teilnehmer kamen letztlich auch aus den klassischen Gremien, aber eben nicht nur. Bei allen Gruppen war mindestens ein Teilnehmer bzw. eine Teilnehmerin dabei, der/die entweder ein erhöhtes Interesse am Thema hatte oder seine/ihre Expertise gut einbringen konnte.[55]

---

[55] Ähnliches galt für den Prozess der Entwicklung einer Projektvereinbarung, bei dem die gegenseitigen Erwartungen und Verantwortlichkeiten beim schulischen bzw. privaten Tableteinsatz formuliert wurden. Es gab einen Stamm an Mitdenkern, aber immer auch Menschen, die später in den Prozess einstiegen, weil sie merkten, dass ihre Meinung und Expertise gefragt waren. Letztlich konnte dadurch – und durch die Kommunikation der „Vertreter" in ihre Gruppen hinein – eine breite Mehrheit für den Start des Projekts „Zeitgemäß Lernen" gewonnen werden (vgl. im Detail dazu: Teil III, 1: „Beispiel: Schulentwicklungsprozess zum Thema ‚Zeitgemäß Lernen'").

4 Was nicht einfach geht, geht einfach nicht

„Perfektion ist nicht dann erreicht, wenn es nichts mehr hinzuzufügen gibt, sondern wenn man nichts mehr weglassen kann."[56]

Seit wir das Leitprinzip „Was nicht einfach geht, geht einfach nicht" bei Tagungen vorstellen, erhält es sehr viel Zuspruch. Es gibt ein weit verbreitetes Leiden an der Komplexität des Systems Schule (und auch anderer Organisationen).

Warum ist Einfachheit so wichtig?

In der Zunahme von Komplexität geht sehr viel Energie verloren, die nicht in die Entwicklungsprozesse fließt, sondern sie behindert.

1. In welchen Bereichen ist Einfachheit gefragt?

a) Es geht um Einfachheit bei **Regelungen, Hausordnungen, Leitbildern,** die in der Schule gelten.
b) Es geht um Einfachheit bei **Schulentwicklungsprozessen**, mit dem Ziel, dass alle, die wollen, sich einfach beteiligen können. Manchmal hat man den Eindruck, dass die Hürden, sich einzubringen, möglichst hoch gesetzt werden, damit sich möglichst wenige beteiligen.
c) Es geht um Einfachheit in der **Organisationsstruktur der Schule** statt mehrstufiger hierarchischer Systeme.

---

[56] Antoine de Saint-Exupéry, Terre des Hommes, III: L'Avion, p. 60 (1939).

2. Wie kommt Nichteinfachheit zustande? Wie kommt es zu komplizierten Regelungen und Strukturen?

Dafür gibt es vor allem zwei Gründe:
a) Eine Regelung wird eingeführt, dann tritt trotz dieser Regelung ein Problem auf. Da wir Deutsche Weltmeister sind in der Optimierung[57], überlegen wir uns gleich: Wie könnten eine Regelung bzw. eine Struktur ergänzt werden, damit dieses Problem nicht mehr entstehen kann? So werden bisherige Strukturen und Regelungen angereichert und Spezialfälle auch noch geregelt. Dies geht im Laufe der Jahre immer so weiter. So entstehen komplexe Regelungen und höhere bürokratische Hürden. Alle, die im Gesundheitsbereich tätig sind – und nicht nur sie –, können davon ein Lied singen. Grundsätzlich neigen wir dazu, alles perfekt zu machen, auch die Regelungen und jeden Sonderfall durch eine Regelung zu fassen.
b) Auch streng hierarchische Systeme führen zu sehr komplexen Abläufen, bis ein Anliegen beim Adressaten ankommt. Der Grund dafür scheint zu sein: Man will, dass die Verwaltungsabläufe eben nicht verändert werden. Jede Neuerung stellt eine Störung dar. Und die soll eigentlich systemisch verhindert werden.

Was damit aber passiert, ist letztlich das Gegenteil von dem, was man eigentlich erreichen möchte: Man beschäftigt sich immer mehr mit solchen Prozessen, Regelungen und Verwaltungsabläufen. Dies führt zu einem ungeheuren Energieverlust für alle Beteiligten. Letztlich geht genau das verloren, was eigentlich wichtig wäre, dass Menschen mit Energie Dinge gestalten. Denn in den Prozessen versandet die komplette Energie. Je komplexer eine Regelung ist, desto weniger ist diese auch allen bekannt und kann schon deshalb nicht eingehalten werden.
Einfachheit bedeutet nicht, an der Zeit für einen Entwicklungsprozess zu sparen. Im Gegenteil: Manchmal braucht es länger, als man denkt, um Prozesse in alle betroffenen Gruppen hinein gut zu kommunizieren, und nicht nur das, sondern auch alle an diesen Prozessen zu beteiligen. Aber gerade deshalb ist der Blick auf die Einfachheit so wichtig: Weil möglichst viele sich an solchen Prozessen beteiligen können sollen, müssen die Prozesse selbst einfach sein. Das wird

---
[57] www.wiwo.de/erfolg/management/unternehmenskultur-weltmeister-im-optimieren-kreisklasse-bei-innovationen/19673288-2.html (28.10.2019).

im exemplarischen Schulentwicklungsprozess der Digitalisierung sehr gut deutlich (vgl. Teil III, 1).

A) Einfachheit von Regelungen

Wie können wir nun bei Regelungen diese Einfachheit (wieder) erreichen? Es gibt Versuche, Komplexität zu reduzieren: Schulen, die sich die Mühe machen, alle Beschlüsse der Konferenzen in übersichtlichen Listen zu sammeln; Schul-Wikis oder Schulportfolios, in denen Grundlagenwissen und -beschlüsse sortiert und schnell zugänglich gemacht werden.
Selten jedoch werden Beschlüsse einfach gestrichen oder erst gar nicht gefasst. Noch seltener durchlaufen sie einen Filter, der dafür sorgen könnte, dass Beschlüsse für alle greifbar bleiben und die Kultur der Organisation sichtbar bleibt.

Ein solcher Filter ist das Prinzip „Was nicht einfach geht, geht einfach nicht". **Wir sollten anstreben, Dinge möglichst einfach und möglichst einfache Dinge umzusetzen.**

Beispiel: Medienregelung an Schulen
Die einfachsten Medienregelungen an Schulen bestehen in der totalen Freigabe der Mediennutzung oder in einem absoluten Verbot, wobei im letzteren Fall die umfassende Kontrolle der Regelung notwendig wird. Hier kann Komplexität auch dadurch entstehen, dass Kolleginnen und Kollegen eigentlich nicht hinter dieser harten Regelung stehen und daher das Einhalten der Regelung nicht kontrollieren bzw. Fehlverhalten nicht sanktionieren.
Natürlich lassen sich auch hier gemeinsame Regelungen finden, die klar kommuniziert werden können, wenn sie sowohl von der großen Mehrheit der Schülerinnen und Schüler als auch der Lehrkräfte getragen werden. Diesen Weg haben wir am Firstwald-Gymnasium versucht: Beide Gruppen einigten sich auf Prinzipien und Werte, die uns gemeinsam wichtig sind, z. B. Mediennutzung (zu Arbeitszwecken) ermöglichen und gleichzeitig persönliche Kommunikation zu fördern. So wünschten sich die Schülerinnen und Schüler (!) weitgehend technikfreie Pausenzeiten zur echten Begegnung – es war aber auch schon vorher Teil der Schulkultur – und schlugen gleichzeitig die Sanktionen vor, damit es nicht zu einem Gegeneinander von Lehrkräften und Schülerinnen und Schülern kommt. Gleichzeitig wünschen sie sich natürlich mehr Arbeitsräume mit Freiheiten zur Mediennutzung.

Beispiel: Schul-Wikis

Ein weiteres Beispiel aus der Vergangenheit waren die oben bereits erwähnten Schul-Wikis: Sie beinhalteten die Idee, quasi basisdemokratischen Zugriff auf das gesammelte Schulwissen zu organisieren. Dabei sollten die Experten der jeweiligen Inhaltsbereiche ihr Wissen selbst eintragen und die Sammlung wie von Geisterhand entstehen. Die eigentlich gute Idee scheiterte jedoch an zwei entscheidenden Hürden: Es brauchte einen Zugang mit Passwort und die Beiträge mussten aufwendig formatiert werden. Nach zwei Jahren wurde die Sammlung an unserer Schule aufgelöst und in ein großes Google Doc mit Suchfunktion überführt. Seitdem werden die Experten wieder einzeln angeschrieben und die Formatierung übernimmt eine Person.

Natürlich ist der Satz „Was nicht einfach geht, geht einfach nicht" ein weiches Kriterium. Es lässt sich im Einzelfall darüber streiten: Ist das, was wir beschlossen haben, einfach? Und: Der eine ist von der Einfachheit überzeugt, die andere findet es viel zu kompliziert.

Leitfragen könnten hier sein:
1. Lässt sich die Regel in einem oder zwei Sätzen so aufschreiben, dass man sie sich merken kann?
2. Wie viele Eltern, Lehrerkräfte, Schülerinnen, Schüler usw., also die, die tatsächlich davon betroffen sind, kennen die Regel einigermaßen richtig?

Vor allem die zweite Frage ist oft entlarvend. Natürlich braucht es auch Formen, die an Regeln immer wieder erinnern. Nicht jede Regelung ist deshalb schlecht oder falsch, nur weil sie die Betroffenen nicht (mehr) kennen. Aber wenn trotz Erinnerungsmechanismen niemand oder wenige eine Regelung kennen, dann scheint es an der Einfachheit zu hapern. Es gibt Regelungen, bei denen wir nach einiger Zeit gemerkt haben: Die sind ja so kompliziert, dass sie selbst im Schulleitungsteam eigentlich nicht wirklich bekannt sind. Dann müssen diese abgeschafft oder vereinfacht werden.

B) Einfachheit in Schulentwicklungsprozessen

Es braucht einfache Strukturen für Schulentwicklungsprozesse, deshalb ist für uns oft die Freiwilligkeit der Beteiligung bei Foren, Klausuren usw. und damit auch oft die Zufälligkeit der Zusammensetzung der Gruppe ein willkommener Effekt (vgl. Teil I, 3 „Instrumente der Schulentwicklung"). Es würde einen ungeheuren Aufwand bedeuten, alle zu beteiligen, obgleich auch dies mit möglichst einfachen Strukturen manchmal sinnvoll sein kann.

Allen muss einfach klargemacht werden können, wie sie am besten eine eigene Idee einbringen, sodass diese bis zur Entscheidungsreife umgesetzt werden kann.

C) Einfachheit in der Organisationsstruktur

Dieser Satz betrifft auch Abläufe, wie Entscheidungen zustande kommen. In hierarchischen Systemen sind Prozesse in der Regel mehrstufig und durchlaufen viele Ebenen. Auf jeder Ebene geht Energie verloren und Begründungszusammenhänge auch. Deshalb braucht es besonders in allen Prozessen, die zur Veränderung der Schule führen, solche einfachen Abläufe.

Letztlich ist klar: Wenn es mehrstufige Organisationen gibt und alle immer den „Dienstweg" einhalten müssen, bleibt von der ursprünglichen Idee und der ursprünglichen Energie nicht mehr viel übrig. Das führt dann zur Entfremdung, z. B. zwischen Schulen und vorgelagerter Behörde. So entsteht der Elfenbeinturm – und den kann es auch in der Schule selbst geben. Schauen wir uns einfach mal die Kommunikationswege an, die jemand gehen muss, wenn er oder sie eine neue Idee hat. Organisationen tun alles, um Menschen mit Energie zu frustrieren. Genau diese Strukturen gilt es, deshalb zu verändern.

Was auch zur Einfachheit gehört (aber an anderer Stelle ausführlicher erklärt wird):
- Entscheidungen werden transparent für alle gefällt und zeitnah umgesetzt (vgl. Teil I, 3).
- Statt komplexer Verlaufsprotokolle, gibt es kurze Ergebnisprotokolle und To-do-Listen (vgl. Teil I, 3).
- Die Tür zum Schulleiter ist immer offen, d. h., jeder kann ohne Anmeldung an seiner Tür klopfen (vgl. Teil I, 3).
- Wir verzichten auf Perfektion, die die Vorgänge immer komplexer macht (vgl. Teil II, 10).

5 Man kann gegen den Wind segeln, nicht aber ohne Wind

Es gilt ein Milieu zu schaffen, in dem sich Energien entfalten können. Energie ist ganz konkret spürbar. Wir alle erleben Prozesse, Sitzungen, Situationen, die einem die Energie rauben. Und umgekehrt erleben wir Prozesse und Situationen, in denen wir enorm viel gearbeitet haben, aber am Ende den Eindruck haben, wir gehen aus diesen Situationen mit mehr Energie heraus, als wir hineingegangen sind.

Nun gibt es bei Veränderungsprozessen aber oftmals auch stärkeren Gegenwind. Diese Situation ist zu unterscheiden von „Energiefressern". Denn es ist eben hier nicht so, dass Personen oder Argumente und Haltungen einem die Energie rauben, z. B. durch K.-o.-Argumente (vgl. Teil II, 8). Hier sind im Gegensatz dazu Energien im Spiel, die aber zunächst gegen das eigene Vorhaben, gegen die vorhandenen Ideen gerichtet zu sein scheinen, und zwar aus ganz unterschiedlichen Gründen. Die entscheidende Frage ist dabei, ob und wie es gelingt, diese Energie einzubinden und zu nutzen.

Bleiben wir beim Beispiel „Segeln": Ist kein Wind und damit keine Energie vorhanden, wenn also eine Flaute herrscht, dann kann man nichts tun, als zu warten, bis Energie kommt. Wenn aber Wind vorhanden ist, und sei es auch Wind, der einem entgegenschlägt, dann kann man durch geschicktes Kreuzen[58] trotzdem vorwärtskommen und sogar in die ursprüngliche Richtung, auch wenn man nie direkt gegen den Wind segeln kann. Der Gegenwind wird zum Antrieb, zum Motor der Bewegung, auch wenn er zunächst die eigentliche Bewegungsrichtung verändert.

---

[58] Kreuzen bedeutet beim Segeln, im Zickzackkurs ein Ziel anzulaufen, welches im Wind liegt. Wegen des Gegenwindes kann es nicht geradewegs angesegelt werden. Aus https://de.wikipedia.org/wiki/Kreuzen_(Segeln) (28.10.2019).

Dieses Beispiel lehrt uns einiges für Schulentwicklungsprozesse:

1. Betrachte Kritiker (mit Energie!) nie als Feinde, die man ausgrenzen, ausbooten oder ignorieren muss, sondern als Partner, die uns helfen weiterzukommen.
2. Indem wir diese Energien von Kritikern einbinden, kann sich die Richtung oder das Tempo des Prozesses verändern. Das ist beides kein Schiffbruch, sondern kann dazu beitragen, das Ergebnis besser und nachhaltiger zu gestalten.
3. Es ist von ungeheurer Bedeutung, vorhandene Energie zu nutzen bzw. einen Blick dafür zu bekommen, wer wofür Energie hat und diese Personen einzubinden.

Wir wollen im Folgenden etwas genauer die verschiedenen Kategorien von Kritikern und ihre Rolle in Schulentwicklungsprozessen betrachten.

Die drei Kategorien von Kritikern

A) Bewahrer

Bewahrer sind diejenigen, die danach fragen: War an dem, wie es ist, eigentlich alles schlecht? Sie wollen, dass das, was war, zunächst wertgeschätzt wird und haben auch Bedenken, wie viel Kraft das Neue kostet, und sehen Probleme, wenn man jetzt etwas verändert. Diese Personen sind für den Prozess ungeheuer wichtig. Ihre Bedenken gilt es ernst zu nehmen und genau zu fragen, inwiefern sie mit ihrer Kritik recht haben. So wird vielleicht das eine oder andere, was wir leichtfertig – oder zu schnell – abgeschafft, angeschafft oder verändert hätten, durch diese Personen korrigiert.

Beispiel Digitalisierung: Bewahrer sind die, die auf den Wert von Büchern und des Lesens hinweisen, die auf Gefahren der digitalen Medien hinweisen und die betonen, wie wichtig für den Lernprozess und Unterricht die klassische alte Kreidetafel oder die Lehrerpersönlichkeit ist, und fürchten, das alles könnte verloren gehen. Es wäre töricht und ignorant, diese Bedenken nicht zu hören und in den Prozess nicht mit einzubinden.

B) Kritiker der Richtung, in die verändert werden soll

Die zweite Kategorie von Kritikern sind diejenigen, die der Überzeugung sind, die Schule verändern zu müssen, denen aber die Richtung nicht passt, in die verändert wird: Entweder geht ihnen alles nicht schnell genug oder aber sie wollen in eine ganz andere Richtung gehen.

Auch diese Kritiker gilt es, selbstverständlich in den Prozess einzubinden. Es gilt im Dialog mit ihnen zu klären: Sind die vorgeschlagenen Änderungen wirklich Gegensätze oder lassen sich die Ziele auch gemeinsam erreichen?

Sollte es sich um gegensätzliche Ziele handeln, dann gilt es, die Argumente zu klären und evtl. nach Kompromissen zu suchen. Auch hier ist es ganz wichtig, sich für diesen Prozess Zeit zu nehmen. Nur in Auseinandersetzung mit anderen Positionen werden wir für uns und für die ganze Schule klären können, ob der vorgeschlagene Weg zukunftsfähig und sinnvoll ist.

C) Kritiker, die eigentlich alles kritisieren, ohne wirklich Gegenvorschläge zu haben und meist auch ohne für einen gemeinsamen Prozess die nötige Energie mitzubringen

Diese Art von Kritikern kann man schwer einbinden, deshalb werden sie in Teil II, 8 „Das geht bei uns nicht' – K.-o.-Argumente entlarven ..." thematisiert.

Grundsätzlich aber sollten wir alle vorhandenen Energien mit einbinden. Denn jede Energie schafft sich Raum. Entweder als Teil des Entwicklungsprozesses oder außerhalb. Und dann kämpft man – ohne es klar verorten zu können – manchmal wie gegen Windmühlen. Nicht einzubringende Energie kann zerstörerisch wirken, indem dadurch z. B. andere infiziert werden, indem es eine nicht sichtbare, aber durchaus energiegeladene Opposition gibt. Und so entsteht auf allen Seiten ein großes Frustrationspotenzial, das jede Entwicklung bremst.

Der zweite und eigentlich noch wichtigere Grund ist: Wenn jemand Energie mitbringt und sei es scheinbar gegen das Projekt gerichtete Energie, kann es dem Projekt insgesamt nur nützlich sein, wenn er oder sie die Bedenken oder Einwände äußern kann, die dann letztlich zu Verbesserungsvorschlägen für das Ganze führen können.

Ein Beispiel: Um Raum zu haben, um Elemente von „Abitur im eigenen Takt" an unserer Schule umzusetzen, haben wir gemerkt, dass wir die Stundentafel verändern müssen. So haben wir zu einem Schulentwicklungsteam eingeladen, bei dem wir darüber reden wollten, sogenannte (flexibel zu nutzende) Poolstunden, die bisher den Fächern Sport und Musik zugewiesen waren, wegzunehmen. Was ist passiert? Natürlich sind viele Vertreter der Sport- und Musikfachschaft erschie-

nen, um deutlich zu machen, wie wichtig doch diese Stunden seien. Und wir kamen in ein sehr konstruktives Gespräch: Am Ende war das Ergebnis viel radikaler als ursprünglich beabsichtigt: Wir haben allen Fächern alle Poolstunden weggenommen und freie Lernangebote (LeA) von zwei Stunden pro Woche für alle Schülerinnen und Schüler eingeführt, aus denen sie frei wählen können – vierteljährlich – was sie in- oder außerhalb der Schule lernen wollen, selbst gewählt, bewertungsfrei, oft von Schülern, Eltern oder Vereinen selbst organisiert. Und dieser Veränderung hat eine ganz große Mehrheit im Kollegium zugestimmt.

Hätten wir diesen Prozess nicht so gemacht, sondern einfach unsere Ideen durchgesetzt, wäre am Ende erstens eine große frustrierte Gruppe zurückgeblieben mit einer Energie, die sich eigentlich nur negativ bemerkbar machen kann, und zweitens nicht das bestmögliche Ergebnis dabei entstanden.

Das ist aus unserer Erfahrung einer der häufig gemachten Fehler: Man schließt möglichst diejenigen aus laufenden Prozessen aus, die gegen bestimmte Entwicklungen argumentieren. So raubt man der Schule wesentliche Potenziale und vergeudet fremde und eigene Energien in Grabenkämpfen.

6 Jedes Wasser ohne Zufluss fängt an zu stinken

Jedes Gewässer ohne Zufluss läuft potenziell Gefahr zu „kippen". Der durch drastischen Abfall der Sauerstoffkonzentration ausgelöste Prozess ist aus sich heraus irreversibel, er sollte also unbedingt vermieden werden. Systeme „kippen" nicht direkt, aber es ist spürbar, wenn es an Zufluss fehlt, an Inspiration von außen.

Lehrerkollegien werden durch Ideen von außen kreativ und offen für Neues: Sie sehen Lösungen, die andere Systeme für bereits lange bestehende Probleme finden. Oftmals fällt es Personen in Organisationen relativ leicht, die zentralen Probleme oder Herausforderungen zu nennen, nicht aber mögliche Lösungsansätze. Gerade der Blick über den Tellerrand kann dies ermöglichen.

Es gibt vielfältige Zuflüsse

An Schulen gibt es bereits vielfältige „Zuflüsse", die manchmal einfach gezielt genutzt werden müssten.

A) Referendarinnen und Referendare

Ein Beispiel dafür sind Referendarinnen und Referendare an der Schule. Sie sind einerseits Teil des Bildungssystems, andererseits ist ihr Studium noch nicht so lange her und sie bringen oft einen Idealismus mit, der die pragmatische Perspektive vieler Lehrkräfte, die sich mit den Schwächen des Systems, in dem sie sich bewegen, abgefunden haben, erfolgreich ergänzt. Natürlich gibt es mehr und weniger inspirierende Referendarinnen und Referendare, aber es geht vor allem um die Form der Auseinandersetzung mit dieser Form der Irritation des Systems. Erfahrene Lehrkräfte begleiten, reflektieren dabei ihre eigene Arbeit und erweitern sie um gute Ideen, die sie sehen. Gleichzeitig stellen Referendarinnen und Referendare oft die hilfreichste naive Frage an das System: Warum macht Ihr das so?

B) Kontakte zur Wirtschaft

Eltern der Schülerinnen und Schüler können als Türöffner von Unternehmen dienen, die eine weitere Form des Zuflusses darstellen können. In den letzten Jahren hat das System Schule stark von den Strukturen der Unternehmen gelernt; die Struktur von Konferenzen und Tagungen hat sich beispielsweise deutlich weiterentwickelt. In diesem Zusammenhang wird oft die Klage über die Qualität der Schulabgänger laut – eine Klage, die übrigens kein neues Phänomen und systemisch durchaus erklärbar ist (allgemeinbildender Anspruch vs. konkrete berufliche Anforderungen). Der regelmäßige Austausch mit lokalen Betrieben hilft, gegenseitige Vorurteile abzubauen und Win-win-Situationen zu schaffen, indem Unternehmen als Experten in der Schule aktiv sind und andererseits Schule weiß, worauf sie auch (!) vorbereiten muss.
Gleichzeitig muss bedacht werden, dass Bildungsinstitutionen ungleich komplexere Zielsetzungen als Unternehmen haben. Letztere haben als Ziel den Gewinn und das wirtschaftliche Überleben und als Nebenprodukt die Sicherung der Arbeitsplätze der Arbeitnehmer. Bildungsinstitutionen haben zum Ziel, die Persönlichkeitsentwicklung von Individuen zu fördern, ihre Stärken und Schwächen entdecken zu lassen, es gibt fachliche Zielsetzungen, das Ziel des Abschlusses mit Zertifikat, das Ziel der Sozialisation des Einzelnen usw. Diese Prozesse werden von so vielen weichen Faktoren beeinflusst, dass Unternehmen inzwischen auch anfangen, von schulischen Kommunikationsstrukturen für ihre Arbeit zu lernen. Die Ziele bei Wirtschaftsunternehmen sind relativ einfach messbar und sie haben auch deutlich klarere Entscheidungsstrukturen (häufig hierarchisch) und letztlich eine klare Abgrenzung zwischen Mitarbeitern und Kunden, was in der Schule deutlich komplexer ist.

C) Kooperationen mit Vereinen, Jugendarbeit und Kirchen

Auch Kooperationen mit (Sport-)Vereinen ermöglichen eine Öffnung von Schule für die Welt „draußen". Jede Schule sollte sich fragen, welche Firmen, Vereine usw. vor Ort sich in das Schulleben und in die Lernprozesse wie einbringen können. Das ist in beiderseitigem Interesse. Am Firstwald-Gymnasium haben wir mit dem Konzept der „freien Lernangebote" (LeA) ein System geschaffen, in das sich Vereine, Unternehmen, Eltern, Schülerinnen und Schüler und Lehrkräfte einbringen können. Es sind vierteljährlich neu wählbare Lernangebote („AGs"), die z. T. Unterrichtsstunden ersetzen. Die Grundidee besteht darin, das Lernen als etwas zu begreifen, das formell und informell, schulisch wie privat stattfindet. Private Lernleistungen (Leitung eines Fußballteams, Chinesisch-Kurs an der VHS, Reitunterricht usw.) können in diesem System anerkannt werden und erfahren eine neue Wertschätzung und Einordnung. Durch die vierteljährliche Einteilung sind problemlos Blockseminare am Wochenende möglich, sodass Kooperationspartner sich leichter einbringen können. Diese Idee entstand übrigens bei einer Hospitation am Gymnasium Wilhelmsdorf, deren Protagonisten dieses Konzept G8+ nennen und noch umfassender durchführen.

D) Hospitationen

Eine der bedeutsamsten Inspirationsquellen sind daher auch Hospitationen an anderen Schulen. Erst, wenn man sieht, welche Lösungen andere Schulen finden, beginnt man, die eigenen Strukturen zu hinterfragen bzw. anders an Probleme vor Ort heranzugehen. Nicht alles davon ist dann 1:1 auf den eigenen Standort übertragbar, aber vieles inspiriert zum Nachdenken über die eigenen Fragestellungen.

Es gibt z. B. das Hospitationsprogramm des Deutschen Schulpreises, das es einem Hospitationstandem ermöglicht, eine Preisträgerschule des Deutschen Schulpreises der Deutschen Schulakademie für einen Zeitraum von einer Woche kennenzulernen. Es wird mit ca. 500 € pro Person für diesen Zeitraum gefördert.

E) Fortbildungen

Vielleicht fehlt dem geneigten Leser an dieser Stelle die Fortbildung als Inspirationsquelle. Das liegt zum einen daran, dass (staatliche) Fortbildungen manchmal nicht sehr inspirierend sind. Es deutet sich ein Muster an, das Lehrkräfte dazu befähigen soll, auf Abschlussprüfungen vorzubereiten. Dazu werden vermehrt komplette Unterrichtsreihen angeboten, was bei Fortbildungsveranstaltungen auf große Gegenliebe derjenigen Lehrkräfte trifft, für die in diesem Beruf die Sicherheit oder die Aufwandsminimierung eine hohe Priorität genießen. Zum anderen aber werden Fortbildungen von Menschen angeboten, die oftmals selbst nicht für diesen Beruf gebrannt haben und aus diesem Grund eine Karriere in der Verwaltung angestrebt haben. Sie setzen daher dann hauptsächlich die Vorgaben aus dem Kultusministerium oder den untergeordneten

Verwaltungsebenen um. Es wird deutlich, dass Fortbildungen im Schulsystem völlig neu gedacht werden müssen (vgl. Teil II, 2 „Alles Gute kommt von unten"), um dem revolutionären Wandel durch die Digitalisierung gerecht zu werden. Reflektierende und reflektierte Experten aus der Praxis könnten auf Tagungen Angebote neben Wissenschaftlern und der Kultusverwaltung machen. Dies wäre eine Chance, die Sphären Politik, Wissenschaft und Schulpraxis intensiver zu verzahnen. Dazu bräuchte es die Bereitschaft, die Expertise der Basis anzuerkennen und Netzwerkstrukturen aufzubauen, die die Auswahl der Referentinnen und Referenten ermöglichen. Formate wie Barcamps, die bezahlte Experten integrieren, bieten sich an dieser Stelle dafür an. Ein weiteres Problem ist die Frage, wer mit wem warum auf welche Fortbildung geschickt wird. Allein diese Frage unter Schulentwicklungsperspektive zu stellen, würde schon vieles verändern und dazu kommt noch die nächste Frage: Wie kann der einzelne Kollege oder die einzelne Kollegin (oder natürlich am besten immer zwei bis drei Kolleginnen und Kollegen) drei Impulse[59] von dem, was sie in der Fortbildung gelernt haben, fruchtbar für die Schule einbringen? Das ist unter anderem eine entscheidende Frage nicht nur für Hospitationen, sondern auch für neu gedachte und konzipierte Fortbildungen, z. B. im Barcamp-Format[60].

Zuletzt ein kleines Beispiel: Als wir uns als Schule mit der Thematik der „Digitalisierung" beschäftigen wollten, besuchten wir zunächst Schulen, die hier weiter waren als wir, und zwar jeweils mit anderen Kolleginnen und Kollegen, um möglichst viel Wissen und Enthusiasmus informell (!) in die Breite des Kollegiums zu bringen. Die Fahrt zu den Schulen und die ggf. nötige Übernachtung wurden von der Schule übernommen. Solche kleinen Signale der Wertschätzung von Kolleginnen und Kollegen, die sich für die Schule einsetzen, können eine völlig andere Haltung bewirken.

---

[59] Mehr als drei zentrale Gedanken lassen sich kaum mitnehmen und sind gleichzeitig eine gute Grundlage für die Weiterarbeit in der Praxis. Man sollte diese drei Aspekte direkt umsetzen.
[60] Grundlagen zu Barcamps finden sich z. B. hier: https://www.theofel.com/barcamp/was-sind-barcamps.html (28.10.2019). Inzwischen gibt es jedoch vielfältige Erfahrungen zum Einsatz der Methode Barcamp an Schulen, z. B. auch in diesem Buch zum Thema „Pädagogischer Tag".

7 Belastung und Entlastung müssen ausgeglichen sein

Zum Umgang mit Belastungen und zum „Denken in Belastungen"

Im Hamburger Lehrerarbeitszeitmodell wurde der Versuch gemacht, die Lehrerarbeitszeit „gerecht" zu regeln, den Korrekturaufwand zu berücksichtigen, sonstige Vor- und Nachbereitungen usw. mit in die Arbeitszeit einzubeziehen. Je höher der Faktor ist, desto größer der gemessene Aufwand. So erhält dann das Fach Deutsch den Faktor 1,7 pro Unterrichtsstunde, während das Fach Sport den Faktor 1,25 zugewiesen bekommt (jeweils in Klassenstufe 10).[61]

Spricht man mit Lehrkräften aus Hamburg über dieses Modell, begegnet einem bei sehr vielen eine Enttäuschung:

- Verdichtung der Arbeit hat zugenommen.
- Abrechnungsmentalität entsteht.
- Angst vor „Minusstunden"
- Fächerübergreifender Unterricht und Projektarbeit werden stark behindert wegen unterschiedlicher Faktorisierung.
- Gleiche Arbeit wird mit unterschiedlichen Fachfaktoren bezahlt.
- Entsolidarisierung
- Arbeitszeit wird nur quantitativ betrachtet, nicht qualitativ!
- Neu hinzugekommene Aufgaben kommen obendrauf.[62]

Uns scheint das grundsätzliche Problem hinter den formulierten Problemen folgendes zu sein:

---

[61] Viele interessante Informationen von Hans Voss zu diesem Konzept finden Sie hier: http://www.hvoss.com/Lehrerarbeitszeit/GEW-PR-informieren/AZM.pdf (28.10.2019).
[62] Vgl. ebd., leicht angepasst.

Es entsteht ein grundsätzliches Denken in Belastungen.

Alles, was getan wird, wird in den Strukturen von „Belastungen" gedacht. Was daraus entsteht, hat jede und jeder von uns schon erfahren. Wenn man bei allem Neuen gleich wie ein Buchhalter herangeht und nur die Belastungen durch das Neue in den Blick nimmt, werden die Energien für das neue Projekt gleich mit beerdigt.
An dieser Stelle dient das berühmte Zitat von Saint-Exupéry der Veranschaulichung:

Wenn du ein Schiff bauen willst,
so trommle nicht Menschen zusammen,
um Holz zu beschaffen,
Werkzeuge vorzubereiten,
Aufgaben zu vergeben
und die Arbeit einzuteilen,
sondern lehre die Menschen die Sehnsucht
nach dem weiten, endlosen Meer!

Man nimmt an, dass er es wohl in folgender Form gesagt hätte:

Es ist nicht das Schiff,
das durch das Schmieden der Nägel und das Sägen der Bretter entsteht.
Vielmehr entsteht das Schmieden der Nägel und das Sägen der Bretter
aus dem Drang nach dem Meere und dem Wachsen des Schiffes[63].

Eines wird daran deutlich: Wenn wir grundsätzlich in Strukturen von Arbeit und Zeit („Holz, Werkzeuge") denken, werden wir nichts Neues schaffen und Schule nicht verändern. Deshalb ist zunächst wichtig: Nicht in Belastungen denken bzw. Belastungen nicht zum Hauptfaktor von neuen Entwicklungen werden lassen.

Schauen wir uns das Zitat von Saint-Exupéry aber etwas genauer an:
Er meint nicht, dass, wer ein Schiff bauen will, nicht auch über das zu beschaffende Holz, die dafür notwendigen Arbeiter, Werkzeuge und die dafür gebrauchte Zeit nachdenken soll. Wer aber ein Projekt, einen Entwicklungsprozess mit diesen Kategorien beginnt, der wird sehr früh scheitern.

---

[63] Antoine de Saint-Exupéry: Citadelle, Abschnitt CLI, 1948 (erschienen). Deutsch: Die Stadt in der Wüste, Abschnitt 139.

Was folgt daraus für das Umgehen mit Belastung und Entlastung?

1. Belastungen dürfen nicht so dominierend in allen Prozessen und besonders nicht am Anfang thematisiert werden, weil so alle Energie geraubt wird (vgl. auch Leitprinzip Teil II, 8).
Zunächst ist es nämlich wirklich so: Wenn ich von etwas begeistert bin, werde ich die nötige Energie auch für zusätzliche Arbeit zumindest kurzfristig aufbringen, ohne dies überhaupt zu thematisieren. Wer von uns bringt nicht gerne enorm viel Zeit für ein schönes Hobby auf, sei es Skifahren, Basteln an der Eisenbahn oder die Einarbeitung in eine komplexe App. Wer käme dabei auf die Idee, die dafür aufgebrachte Zeit als Problem zu thematisieren? Die Frage ist also auf jeden Fall nicht nur: Wie viel Zeit und Ressourcen brauchen wir für einen Entwicklungsprozess, sondern auch: Was gibt mir dieser Prozess an Energie zurück?

2. Dennoch ist es wichtig, dass Belastungen thematisiert werden. Auch hier gilt es: Wenn ich die zusätzlichen Belastungen ausklammere, sogar verhindere, dass sie thematisiert werden, werden sie sich an anderer Stelle unkontrollierbar selbst einbringen und können zerstörerisch wirken.
Daraus folgt also: Den Belastungen nicht den ersten Platz und nicht in **erster** Linie Raum geben, aber in **zweiter** Linie, d. h., in der konkreten Entwicklung und Durchführung müssen Belastungen thematisiert werden.

Wie aber sind dann Belastungen sinnvoll zu thematisieren und einzubringen?

Dazu gilt das Leitprinzip:
Belastung und Entlastung müssen langfristig in einem ausgeglichenen Verhältnis sein.

Für alle Entwicklungsprozesse gilt (wie für den „Schiffsbau"): Er braucht Ressourcen und die gilt es in den Blick zu nehmen. Oft wird viel zu wenig wahrgenommen, was ein Umbau an Zeit, Kraft, Energie verschlingt, die uns zumindest kurzfristig in tiefe Probleme stürzen. Das ist übrigens auch bei allen Neuerungen, die von „oben" kommen, eines der Hauptprobleme, ob es um neue Bildungspläne, um die Umstellung von G8 auf G9 oder um Digitalisierung geht: Jede Umstellung braucht Ressourcen. Oftmals werden nur technische Ressourcen zur Verfügung gestellt, aber keine zusätzliche Arbeitszeit.

Also müssen sich zumindest alle Beteiligten bewusst sein: Veränderungsprozesse kosten Zeit und Kraft. Sie sind deshalb nur dann sinnvoll zu bewerkstelligen, wenn es einen pädagogischen und/oder ressourcenschonenden Nutzen für alle hat.

Ein weiterer wichtiger Aspekt ist in den Blick zu nehmen: Genauso wie häufig bei Prozessen die dafür verbrauchte Energie nicht wahrgenommen wird, wird häufig in der Schule nicht wahrgenommen, wo Prozesse eingeleitet wurden, die die Arbeit einfacher machen.

Ein Beispiel: *Vor vielen Jahren sind alle Räume am Firstwald-Gymnasium mit WLAN, Beamer, Computer und Projektionskamera ausgestattet worden. Diese Veränderung ist natürlich für die Schule und den Schulträger nicht zum Nulltarif gewesen. Aber alle Lehrkräfte haben konkret gespürt und erfahren, dass diese technische Veränderung für die Lehrer/-innen positive Effekte hatte:*

- *Man muss für vieles nicht mehr extra in den Computerraum.*
- *Man kann den Unterricht, egal in welchem Raum man ist, gleich halten und muss deshalb keine Alternativen bereithalten (außer die Technik fällt mal aus, was leider ab und zu passiert).*
- *Man kann andere Medien und sonstige den Unterricht bereichernde Materialien bis zu Bildern aus einem Lexikon oder Buch direkt verwenden, ohne vorher eine Folie o. Ä. erstellen zu müssen.*

Die Lehrkräfte schätzen diese Effekte sehr, aber sie werden ganz schnell zum Alltag, dass man die Erleichterungen vergisst und nur neue Belastungen sieht.

Hier gilt es immer wieder, einen Bewusstmachungsprozess im Kollegium über die in den letzten Jahren erreichten Entlastungen in Gang zu setzen.

Aber dennoch ist bei allen Veränderungsprozessen eine Rechnung aufzumachen – das ist insbesondere Aufgabe des Schulleitungsteams:
Wenn an einer Stelle eine zusätzliche Belastung geschaffen wird, muss an anderer Stelle eine Entlastung kommen.

Ein Beispiel: *Das Firstwald-Gymnasium hat die verlässliche Ganztagsschule eingeführt mit den Auswirkungen, dass viel mehr Kolleginnen und Kollegen den ganzen Tag an der Schule sind. Dies in den Blick zu nehmen und zu überlegen, wie man dann Lehrkräfte konkret entlasten kann, war eine wichtige Frage.*

Die Antworten waren:
a) *Die Errichtung eines eigenen Lehrerarbeitsraums mit Computern – neben dem Lehrerzimmer und*
b) *die Einrichtung von zwei Ruheräumen für Lehrkräfte, um auch so entlastet zu werden.*

Ein weiteres Beispiel: *Wenn ein Kollege oder eine Kollegin am Firstwald-Gymnasium eine gute Idee hat, darf er oder sie diese meist umsetzen. Bei manchen Kolleginnen und Kollegen steht direkt die Forderung nach ausgleichenden Ermäßigungsstunden im Raum. Dann ist davon auszugehen, dass entweder weniger Energie für die Idee vorhanden ist oder die Aufgabe der betreffenden Person (oder sogar der Schule) Energie kostet. In solchen Fällen wird die Person gebeten, Buch zu führen, wie stark die Belastung durch diese zusätzliche Aufgabe über das Jahr empfunden wird – und wenn sie zu hoch ist bzw. das Kollegium durch diese Idee wirkungsvoll entlastet werden kann, dann kann im Nachhinein z. B. eine Entlastungsstunde gewährt werden.*

8 „Das geht bei uns nicht" – K.-o.-Argumente entlarven und überwinden

1. Energiefresser erkennen

Ein großes Problem und großer Feind jeder Schulentwicklung sind die **Energiefresser**.
Ein Aspekt war das im letzten Leitprinzip thematisierte „Denken in Belastungen". Aber es gibt darüber hinaus noch viele weitere „Energiefresser". Zunächst ist darauf zu achten, dass „Gegenwind" wie im Leitprinzip in Teil II, 5 gezeigt wurde, von Energiefressern zu unterscheiden sind. Da sind unterschiedliche Meinungen, ja manchmal auch Streit und Konflikte, die müssen nicht zwangsläufig die Energie fressen, im Gegenteil, sie können Energie schaffen und verändernde Wirkungskraft entfalten.
Es sind negative Denk- und Handlungsspiralen, die uns belasten, die die Belastung verstärken und letztlich zu einer Negativentwicklung führen. Diese gilt es frühestmöglich zu identifizieren und abzustellen. Neben den im Teil II, 7 thematisierten „Denken in Belastungen" haben wir weitere fünf solche Energiefresser identifiziert:

2. K.-o.-Argumente

K.-o.-Argumente begegnen uns in ganz unterschiedlichen Formen:
- „Das haben wir schon mal probiert und es hat damals auch nicht geklappt."
- „Schon wieder was Neues!"
- „Da machen die Kollegen/Eltern/Schüler/Schulverwaltung nie mit."
- „Das nicht auch noch, dafür haben wir keine Zeit!"

Wie können wir grundsätzlich mit solchen K.-o.-Argumenten umgehen? Das erste Beispiel zeigt: Einen verallgemeinernden Satz genauer präzisieren und ihn verwandeln.

a) **Präzisieren:** In der Regel sind K.-o.-Argumente unzulässige Verallgemeinerungen.
   – Welche Kollegen machen nicht mit?
   – Bei was macht der Schulträger nicht mit?
   – Warum denkst du, dass die da nicht mitmachen?

Auf die letzte Frage kommt dann häufig das nächste K.-o.-Argument: „Die sind doch immer gegen alles, was von unten kommt." Auch das ist eine sehr grobe und unzulässige Verallgemeinerung.
Sie merken schon: Durch Präzisierungen können sich destruktiv angelegte Aussagen sehr schnell in konstruktive Prozesse verwandeln.

b) **Verwandeln:** „Wie" bekommen wir das hin?
Wir fangen an, gemeinsam lösungsorientiert in eine positive Richtung zu denken, das erzeugt Energie und Kreativität.

Wir können durch diese beiden Schritte sehr schnell K.-o.-Argumente als solche entlarven und sie im konstruktiven Prozess nutzen.

Eines der wichtigsten K.-o-Argumente begegnet uns immer wieder, wenn Kolleginnen und Kollegen z. B. bei Hospitationen sehen, wie es andere Schulen besser machen.

Die erste Reaktion ist dann häufig: „Das geht bei uns nicht." Und damit ist das Thema dann (scheinbar) erledigt. Dieser Satz frisst die vorhandene Neugier und das Interesse an Veränderung auf. Wir raten in so einer Situation immer zu folgendem Dreischritt, um diesen Energiefresser zu bearbeiten bzw. zu vermeiden:

1. Schritt: Feststellung: „**Das geht bei uns nicht.**" Auch schon in diesem Satz gilt es zu entdecken: Eigentlich wäre das eine gute Idee. Aber bei uns geht das nicht. Wer diesen Satz sagt, hat eigentlich etwas entdeckt, was man gerne umsetzen würde. Also kann selbst in diesem ersten Satz schon etwas zum Positiven gewendet werden. Aber wir müssen noch genauer hinschauen und so kommen wir zum nächsten Schritt.

2. Schritt: „**Das geht bei uns so nicht.**" Wir schauen dann genauer hin und stellen fest, die Rahmenbedingungen sind in jeder Schule anders: Die Eltern, die Schulleitung, das Kollegium, die finanziellen, zeitlichen und baulichen Ressourcen sind anders. Also, so wie die das machen, so wie die das vorschlagen, geht es nicht.

3. Daraus folgt dann der positiv gewendete dritte Schritt als Impulsfrage: „**Wie könnte es bei uns gehen?**" So wird aus einem Energiefresser, der anscheinend jede Neuerung verhindert, eine Neugier geweckt: Wie könnten wir den interessanten Impuls aufgreifen? Wie könnten wir hier eine gute Idee mitnehmen und an unsere Rahmenbedingungen anpassen?

Ein Beispiel:
Im Jahr 2009 war F. Stöffler mit einer Gruppe unterwegs in Finnland und hat dort ganz unterschiedliche Schulen und Schultypen besucht. Das Ziel war eigentlich, vom finnischen Bildungswesen zu lernen. Wir haben aber als Gruppe gemerkt: „Die haben ganz andere Rahmenbedingungen als wir in Deutschland. Wenn wir diese Rahmenbedingungen hätten, dann könnten wir das auch, aber so:

1. Schritt: „Nein, das geht bei uns nicht."
Wie oft hören wir diesen Satz: Mit unseren Schülerinnen und Schülern, mit unseren Eltern, mit unseren finanziellen Möglichkeiten oder organisatorischen Rahmenbedingungen, die durch Schulträger, Bildungspläne und Kultusministerium vorgegeben sind, geht das nicht.
Nun bleiben manche Organisationen an dieser Stelle stehen. „Außer Spesen nichts gewesen" – und bei uns Lehrern oftmals nicht einmal Spesen! Und hier steckt die größte Gefahr, aber auch die größte Chance.

Zurück zu unserem Beispiel aus dem Jahr 2009.
Zwei Dinge haben uns fasziniert:
a) Die technische Ausstattung der Schulen und das Konzept dabei, alle Zimmer mit der gleichen multimedialen Technik auszustatten.

2. Schritt: Die Feststellung zu machen: Das geht bei uns so nicht: Das bekommen wir in dieser Form nie finanziert.
Also haben wir uns überlegt:
3. Schritt: Wie könnte es denn bei uns gehen? Was ist das Wichtigste von dem, was sie haben? Wir haben für uns und auch bei Unterrichtsbesuchen festgestellt: Das digitale Whiteboard ist das Teuerste, aber auch das am wenigsten Genutzte gewesen, was Rückfragen bestätigt haben. Eingeleuchtet hat uns sofort: nicht ein paar Räume oder gar nur einen Raum, der mit der neuesten Technik ausgestattet ist. Wichtig ist, dass möglichst alle Räume gleich ausgestattet sind, dann kann jeder Lehrer oder jede Lehrerin seinen oder ihren Unterricht so vorbereiten, dass unabhängig vom Raum Zugriff auf die verschiedenen Medien besteht. Weiter haben wir uns überlegt: Was brauchen wir unbedingt? Bei uns waren es Beamer, Computer und Projektionskamera, welche wir dann in einem längeren Pro-

zess finanziert und das Konzept unter Beteiligung der Fachbereiche umgesetzt haben.

Ein zweites Beispiel aus Finnland:

b) Wir fanden die Umsetzung der Oberstufenschulen faszinierend: Die Oberstufe ist in Module aufgeteilt und in der Regel in drei Jahren zu absolvieren: Besonders motivierte und schnelle Schüler können sie in zwei Jahren absolvieren, wer mehr Zeit braucht, kann bis zu vier Jahre in der Oberstufe verbringen.

Auch hier war die Wahrnehmung zunächst: 1. Schritt: Das geht bei uns nicht. Gleichzeitig haben wir uns überlegt: Eigentlich wäre es ja doch schön, wenn Aspekte davon auch bei uns gingen (2. Schritt: Das geht so bei uns nicht). Und so haben wir uns auf den Weg gemacht, genauer zu schauen: 3. Schritt: Die Grundidee ist gut, wie wäre so ein Konzept bei uns umsetzbar? Dies ist dann in das Schullabor „Abitur im eigenen Takt" gemündet, dessen Ergebnisse zwar leider immer noch nicht umgesetzt sind, aber das Konzept ist dokumentiert und durchgerechnet in allen Facetten: So könte es bei uns unter den deutschen Rahmenbedingungen funktionieren.

3. Beispiel:

Jetzt gerade arbeiten wir wieder in einem von der Deutschen Schulakademie finanzierten Innovationslabor: „G-Flex auf dem Weg zum Abitur: eigene Bildungswege gehen – Potenziale entfalten – individuelle Leistung steigern – in Mittel- und Oberstufe".[64]

14 Schulen sind aus ganz Deutschland dabei, sich darüber Gedanken zu machen. Auch hier hat der Dreischritt gegriffen: „Abitur im eigenen Takt geht nicht – Abitur im eigenen Takt geht so nicht – Wie könnte es gehen?" Und so sind wir dabei zu überlegen: Geht es z. B. für bestimmte Zielgruppen wie Langzeitkranke und Menschen mit Migrationshintergrund? Geht es, indem wir den Bereich der Flexibilisierung auf den Bereich außerhalb der Qualifikationsphase erweitern? Gehen andere Formen der zeitlichen Flexibilisierung von Unterricht? Mit vorläufigen Ergebnissen ist ab dem Herbst 2020 zu rechnen.

Wir kommen zum zweiten typischen Energiefresser (der wurde beim Leitprinzip in Teil II, 5 schon kurz erwähnt): Das sind Personen, die gegen alles zu sein scheinen: Im Schwäbischen nennt man solche Personen „Bruddler".

---

[64] Die Deutsche Schulakademie: Innovationslabor G-Flex – auf dem Weg zum Abitur https://www.deutsche-schulakademie.de/files/user_upload/PDF/Innovationslabor_G.pdf (27.08.2019).

3. Umgang mit „Bruddlern"

Kennzeichen von „Bruddlern" oder Nörglern ist (übrigens im Gegensatz zu Kritikern oder Problematisierern oder Bewahrern, vgl. Teil II, 5), dass sie mit dem, wie es ist, unzufrieden sind, aber gleichzeitig genauso stark gegen jede Veränderung sind. Zunächst wäre es großartig, sie einbinden zu können: „Du hast doch immer so viele Ideen, was anders werden müsste, willst du nicht im Schulentwicklungsteam mitarbeiten?" Aber meist bringen diese Bruddler nicht die Energie auf, sich in solchen Prozessen einzubringen, weil eigentlich gar keine Energie wirklich da ist. Dann muss man im Zweifel damit leben und sie ein Stück weit einfach so sein lassen. Wenn es nicht zu viele sind, ist das kein Problem.

Das ist in Entwicklungsprozessen auch wichtig: Wir werden nicht alle mitnehmen können. Wenn wir auf Dauer die klare Mehrheit des Kollegiums, der Eltern bzw. der Schülerinnen und Schüler hinter uns haben, dann müssen wir gerade in einer Demokratie damit leben, dass es wenige geben wird, die nicht zufrieden sind. Manchmal hilft es, die Bruddler vor sich als solche zu entlarven und danach zu fragen: Was würdest du vorschlagen? Wo willst du dich einbringen? Aber wenn sich ein Bruddler nicht in einen echten Kritiker, Bewahrer oder Problematisierer verwandeln lässt und das auf Dauer nicht mehr als 10 % sind, kann und muss man damit leben.

Bei uns kommen diese Kollegen häufig sogar noch mit dem Argument: Das war undemokratisch, wie das in der Lehrerkonferenz abgestimmt wurde. Da haben fast 90 % für eine Sache gestimmt, aber die Betreffenden selbst kamen aufgrund der vorher gelaufenen Prozesse mit ihrer Meinung nicht durch, weil (natürlich!) auch die Schulleitung sich zur Sache klar positioniert hat und sich viele Kolleginnen und Kollegen davon überzeugen ließen. Dies dann als undemokratisch zu bezeichnen, ist ebenfalls ein zu entlarvendes K.-o.-Argument, weil es sich immer bringen lässt, wenn man in einer Abstimmung mit seiner Position unterliegt. Kennzeichnend ist dabei auch, dass man damit dann einen Großteil der Kolleginnen und Kollegen, die mit uns für eine Sache gestimmt haben, als unmündig einstuft, sich selbst aber als eigentliche Elite. Auch dies gilt es zu entlarven.

Wichtig ist: Solche Menschen gibt es in jeder Organisation. Das muss man sich bewusst machen. Zu viel Energie zu verwenden, um sie zu gewinnen, oder gar selbst einfach nur in einem ritualisierten Vorgang umgekehrt auf sie zu schimpfen, nimmt uns die Energie weg und bringt uns nicht weiter.

4. Kultusbürokratie, Verwaltungsvorschriften, Erlasse und juristische Rahmenbedingungen

Wie oben schon geschildert, sind diese Rahmenbedingungen notwendig für das Funktionieren von Schule. Aber auch hier ist wichtig zu erkennen: Sie können sehr viel Energie fressen.

Ein Beispiel: Wir hatten in den letzten Jahren als Preisträgerschule des „Deutschen Schulpreises" regelmäßig Hospitationen von anderen Schulen aus ganz Deutschland. Bei manchen von den Besuchern haben wir erlebt, dass sie bei allem, was bei uns irgendwie geregelt ist, sich selbst und uns immer wieder gefragt haben, ob das denn juristisch so einwandfrei wäre, z. B. wie wir das mit der Aufsicht in der Mittagspause geregelt haben.

Nun ist das Wissen darum nicht grundsätzlich schlecht. Die Grundfrage bleibt: Wie kann ich mit diesen Rahmenbedingungen so umgehen, dass sie mir helfen, Neues zu wagen? Wie werden sie für mich Ermöglicher und nicht Verhinderer? Übrigens gibt es gerade in übergeordneten Behörden auch diese beiden Menschentypen, Ermöglicher und Verhinderer. Leider gibt es dort sehr oft die Verhinderer und nicht die, die alle Vorschriften zwar kennen, aber dennoch zeitweise überlegen, wie man sich mit oder manchmal am Rande bestimmter Vorschriften die für die Entwicklung notwendige Freiheit schaffen kann (vgl. dazu auch das Leitprinzip „Aspekt: Graubereich" im Teil II, 9,).

5. Ohnmachtsgefühle vermeiden

Wer Ideen eingebracht, sich für eine Sache engagiert hat und dann am Ende erfahren muss, dass das alles für den Papierkorb war, wird sich so schnell nicht wieder engagieren. Wir brauchen daher umgekehrt für alle am Schulleben Beteiligten Orte, wo sie spüren: Meine Ideen sind gewünscht, mein Engagement ist gefragt.

Erinnern Sie sich an das Beispiel der Grundschule mit dem Schulhof in Teil II, 1? So mit Eltern umzugehen ist auch eine hochgradige Vergeudung von Energie. Vielleicht waren da ein paar Eltern, die sowohl die Kompetenz als auch die Energie z. B. für einen Schulgarten mitbringen und bereit wären, hier aktiv gestaltend ihre Zeit, Ideen und Kompetenz einzubringen, weil sie davon überzeugt sind. Dies dann nicht zu nutzen, schadet der Schule.

Ein anderes, aber positives Beispiel: *Ein Kollege war davon überzeugt und begeistert, bei uns an der Schule eine Projektwoche zu initiieren zum Thema: „Schule als WM" (in Analogie zum bekannteren Modell „Schule als Staat"). Er hat andere davon begeistert und am Ende kam – jetzt schon dreimal – jeweils im Fußball-WM-Jahr ein Projekt heraus, an dem alle Spiele der WM bei uns an der Schule gespielt wurden, mit einer Videoleinwand und einer riesigen Zuschauertribüne. Die Schülerinnen und Schüler reden darüber noch nach Jahren. Wenn man diese Idee einfach den Gremien überlassen hätte und gefragt hätte, wer das jetzt umsetzt, sie wäre versandet: Der Kollege mit seiner Energie war der einzige, der das umsetzen und ein Team zu dieser Leistung motivieren konnte.*

6. Erkennen, wo keine Energie vorhanden ist

Manchmal findet es die Schulleitung oder auch die Kultusverwaltung unheimlich wichtig, dass eine Sache an der Schule geändert werden muss. Aber es findet sich niemand in der Schule, der dafür Energie hat. Wie man das herausfinden kann? Eigentlich ganz einfach: Indem man einen Vorschlag in die Runde (das kann auch ein Gremium sein) wirft und fragt, wer Interesse hat, an diesem Thema weiterzudenken. Findet sich niemand oder nur ganz wenige, scheint dafür im Moment keine Energie vorhanden zu sein und man sollte dann nicht künstlich Energie in ein Thema pumpen, das zurückgestellt oder niederschwellig ohne viel Aufwand – falls notwendig – umgesetzt wird.

9 Nicht in Begrenzungen, sondern in Möglichkeiten denken

An vielen Schulen wird immer noch ausschließlich in Rot korrigiert. In Baden-Württemberg haben korrigierende Lehrkräfte im Abitur praktisch keine Möglichkeit, den anderen Korrektoren zu signalisieren, welche Ideen gut sind, wofür man Punkte vergeben hat. Diese Defizitorientierung zeigt sich häufig auch in Entwicklungsfragen. Wann immer eine neue Idee ins Spiel kommt, finden sich viele gute Gründe, warum diese nicht umsetzbar sei. Der häufigste Grund dürfte der Rechtsrahmen sein, der angeblich vorgebe, wie etwas zu sein habe.[65]

Wir möchten dafür werben, nicht in Begrenzungen, sondern in Möglichkeiten zu denken. Dieser Ansatz hat drei Ebenen:
1. Tun Sie, was legal schon möglich ist – und das ist viel mehr, als man auf den ersten Blick meinen könnte. Seien Sie kreativ!
2. Entdecken Sie den halblegalen Graubereich und erweitern Sie diesen systematisch.
3. Thematisieren Sie öffentlich, was (noch) nicht möglich ist, ziehen Sie aber daraus positive Energie für Legales und den rechtlichen Graubereich.

Legales tun:

- In allen Bundesländern müssen im Rahmen der Oberstufe Klausuren geschrieben werden. Bei einem Besuch im baden-württembergischen Kultusministerium wurde uns von Juristen ganz klar geraten, den Interpretationsspielraum auszunutzen. Eine Klausur könne ja auch nur zehn Minuten lang

---

[65] Wir haben mit unserem Projekt „Abitur im eigenen Takt" vielfältige Erfahrungen in diesem Bereich gemacht, weshalb das Konzept auch noch nicht umgesetzt ist. Vgl. Stöffler, F. / Förtsch, M. (Hrsg.): Abitur im eigenen Takt. Beltz, 2014.

sein, dann sind alle anderen Formen der Leistungsmessung als Ergänzung problemlos möglich. Die Frage der Gewichtung der verschiedenen Prüfungsleistungen ist in Baden-Württemberg auch nicht vorgegeben. Hier lohnt es sich, in den Schulgesetzen Ihres Bundeslandes nachzusehen. Eine Klausur in der Oberstufe könnte unter diesen Umständen auch darin bestehen, die Schülerinnen und Schüler im Unterricht an einem Thema ihrer Wahl (aus dem Rahmen des Bildungsplans des Fachs) arbeiten zu lassen und verschiedene Produkte zuzulassen (Hausarbeit, Ausstellung, organisierte Exkursion, Lernvideo usw.), und dann alle gemeinsam im Klassenraum ein Fazit schreiben zu lassen, um den rechtlichen Anforderungen Genüge zu leisten.
- In Hamburg gibt es an einer Schule, die uns persönlich bekannt ist, z. B. einen großzügigen Umgang mit Attesten von Langzeitkranken oder psychisch belasteten Schülerinnen und Schülern. So können gezielt Nach-Nach-Termine von Abiturprüfungen ermöglicht werden, im Einzelfall sogar das Abitur einzelner Fächer ein Jahr später geschrieben werden. Dies ist sogar im Vorhinein planbar.
- Wer Zeit für individuelle Förderung oder Coaching gewinnen möchte, kann z. B. Projekte in der Oberstufe organisieren (siehe z. B. „Pulsar" der Evangelischen Schule Berlin Zentrum). Während die Schülerinnen und Schüler selbstständig arbeiten, haben die Lehrkräfte die Zeit für diese wichtige Begleitung.
- Wer Schülerinnen und Schülern Freiräume für das eigenständige Lernen geben möchte, könnte die Stundentaktung verändern, z. B. durch 80-Minuten-Doppelstunden (statt 90), um die gewonnene Zeit in Freiarbeitsstunden zu investieren. Ein noch radikaleres Modell wäre eine 65/25-Minuten-Verteilung zu diesem Zweck.[66]

Den Graubereich entdecken:

In Einzelfällen lassen sich immer Ausnahmeregelungen finden, die von den Verwaltungsbehörden genehmigt werden. *So hat das Sportgymnasium Potsdam die Genehmigung der Kultusministerkonferenz (KMK), einzelnen Leistungssportlern die Anerkennung von Kursen aus insgesamt drei Schuljahren im Rahmen der Kursstufe (Qualifikationsphase) zu ermöglichen. Eigentlich können laut KMK-Vereinbarung zum Abitur nur Kurse aus insgesamt zwei Jahren in das Abitur angerechnet werden. Wird ein Jahr wiederholt, werden alle Leistungen gestrichen. An dieser Schule gibt es sehr viele „Einzelfälle mit Nachteilsausgleich".*

---
[66] Vgl. dazu auch die Arbeit des Dalton-Gymnasiums Alsdorf.

Ein weiteres Beispiel könnte der Umgang mit dem Thema „Brandschutz" sein: *Eine Schule möchte Sitzgelegenheiten in die Flurenden stellen, um den Schülerinnen und Schülern Sitzgelegenheiten und Rückzugsmöglichkeiten zu bieten. In keinem Flur ist das erlaubt. Aber Endflure (das sind Flure, die keinen Durchgangsverkehr haben) – so hat es die eine Schule in Hamburg gelöst – werden nicht mehr Flure genannt, sondern sind Teil eines „Compartments". Dann sind dort Sitzmöbel erlaubt.*

Thematisieren, was (noch) nicht möglich ist:

Das bereits erwähnte Konzept „Abitur im eigenen Takt" stieß in der gesamten Bundesrepublik auf große Resonanz.

Regelmäßig wurden wir mit der Frage konfrontiert, warum wir das Konzept nicht bereits umsetzten. Die Begeisterung war groß, wenn wir es vorstellten. Das Kultusministerium Baden-Württemberg hatte sich aber schlicht nie dafür auf KMK-Ebene eingesetzt, noch nicht einmal für einen Schulversuch, den die KMK-Vereinbarung ausdrücklich vorsieht, immer mit dem fadenscheinigen Hinweis auf den „Schulversuch" G9, den es im Land gäbe. Es wäre die Chance gewesen, den Streit zwischen G8 und G9 aufzulösen. Nun könnte man meinen, dass es frustrierend sei, fast zehn Jahre für die Umsetzung eines Konzeptes zu werben, bei dem die Hürden so hoch scheinen. Aber es gab uns im Gegenteil die Energie, in dieser Hinsicht weiterzudenken und zu überlegen, welche der Ideen, die im Zusammenhang mit dem Abitur im eigenen Takt standen (Eigenverantwortung stärken, bewusste Entscheidungen im Laufe der Schulkarriere ermöglichen usw.), sich rechtskonform umsetzen lassen. Der Austausch mit vielen Schulen aus ganz Deutschland führte schließlich über das SchulLabor der Robert-Bosch-Stiftung von 2011 zu einer konkreteren Variante, dem Innovationslabor „G-Flex" der Deutschen Schulakademie, in dem sich viele Schulen aus ganz Deutschland treffen, um flexible Wege im Rahmen des bisherigen Systems zu eruieren und den Schülerinnen und Schülern Entscheidungen zu ermöglichen (vgl. auch das Leitprinzip in Teil II, 8).

10 Das Ziel im Blick: Weniger ist mehr. Was bedeutet das Pareto-Prinzip für die Schulentwicklung?

Das Pareto-Prinzip, benannt nach seinem Erfinder *Vilfredo Pareto, besagt:* 80 % der Ergebnisse können mit 20 % des Gesamtaufwandes erreicht werden. Die verbleibenden 20 % der Ergebnisse benötigen mit 80 % die meiste Arbeit.[67] In Schulverwaltungen gibt es oft die klassischen Perfektionisten, die Fehler grundsätzlich ausmerzen wollen: Sie möchten auf Basis jedes Fehlers oder Problems das System so verändern, dass diese Situation erst gar nicht mehr entstehen kann; es ist also der Versuch „perfekt" zu werden.

Schon beim dargestellten Menschenbild (vgl. Teil I, 3 „Begegnung auf Augenhöhe") haben wir darauf hingewiesen, dass wir bewusst vom fehlerhaften Menschen ausgehen: von fehlerhaften Schülerinnen und Schülern, fehlerhaften Eltern, fehlerhaften Schulleitungen und fehlerhaften Lehrkräften. Nun ist es natürlich wichtig und gut, aus Fehlern, insbesondere aus wiederkehrenden, zu lernen. Gleichzeitig ist es aber genauso wichtig, auf Perfektionismus zu verzichten. Perfektionismus führt zu ungeheuren Energieverlusten, weil – wie eben das Pareto-Prinzip aussagt – die letzten 20 % an Perfektion 80 % an Energie verbrauchen.

Ein paar konkrete Beispiele:

---

[67] Vgl. Absolventa: Pareto-Prinzip im Zeitmanagement. https://www.absolventa.de/karriereguide/zeitmanagement/pareto-prinzip (29.08.2019).

1. To-do-Listen statt Protokolle

Jede Schule neigt – wie viele Organisationen – dazu, dem Protokoll einer Sitzung einer Arbeitsgruppe oder eines Teams hohe Bedeutung beizumessen: „Was man schwarz auf weiß besitzt, kann man getrost nach Hause tragen," sagt Mephisto zu Faust.[68]

Aber genau darin liegt das Problem von Protokollen: Man trägt sie nach Hause, heftet sie in irgendwelchen elektronischen oder tatsächlichen Aktenordnern ab – und das Allermeiste wird nie wieder angeschaut und hat keinerlei weitere Bedeutung. Aber vermutlich kann man auf das Führen von Ergebnisprotokollen in vielen Gremien nicht verzichten – schon aus juristischen Gründen. In vielen Teams wie Schulentwicklungs- und Schulleitungsteams sowie in vielen Arbeitsgruppen schon.

Und was noch wichtiger ist: Ergebnisse von Sitzungen, die in Protokollen und damit in Aktenordnern schlummern, werden häufig nicht umgesetzt. Deshalb plädieren wir dafür, in Arbeitsgruppen und Teams auf das Führen von Protokollen zu verzichten und stattdessen To-do-Listen zu schreiben. Denn jeder Beschluss und jede Entscheidung soll – wenn sie wirklich bedeutsam ist – zu einer Handlung führen und müsste damit in einer To-do-Liste landen.

Nehmen wir ein Beispiel: *Es wird eine neue Vereinbarung getroffen, wie in Zukunft Smartphones an der Schule genutzt werden sollen. Dann ist diese neue Regelung in ein „To-do" zu überführen: Wie werden darüber die Schülerinnen und Schüler von wem und bis wann informiert? Wer ist an dieser Entscheidung von wem noch zu beteiligen? Wer hängt nun wo und bis wann Schilder auf, die die neue Regelung bekannt machen?*

Am Evangelischen Firstwald-Gymnasium hieß es, als ein neues Schulleitungsteam angetreten ist: „Ja, ja, bei uns werden viele Beschlüsse gefasst, Papier ist geduldig. Ändern tut sich dadurch nichts."
Durch das Ersetzen von Protokollen durch To-do-Listen kommt nun die Kritik aus einer anderen Ecke: „Kaum ist bei uns etwas beschlossen, wird es auch schon umgesetzt. Es geht alles viel zu schnell." Man muss die Kritik mit dem zu schnellen Tempo durchaus ernst nehmen. Darin steckt nämlich eigentlich die Frage, wie viele Neuerungen eine Schule in einer bestimmten Zeit verkraftet.

---

[68] Goethe, Johann Wolfgang von: Faust I, Werke – Hamburger Ausgabe Bd. 3, Dramatische Dichtungen I, 11. Auflage München: dtv, 1982, S. 64.

2. Die Gestaltung von Einladungen oder Programmen

Eine schön gestaltete Einladung, ein ansprechend aussehendes Programm macht Lust auf das Arbeiten. An zahlreichen Schulen wird aber sehr viel Zeit darauf verwendet, Dinge schön aussehen zu lassen, anstatt die inhaltliche Arbeit in den Vordergrund zu stellen. Eine schöne Visualisierung lohnt sich ja vor allem für Ergebnisse, die längerfristig bleiben, die man also längerfristig anschauen möchte. Dazu gehört z. B. ein Poster zum schuleigenen Leitbild, ein Schulprospekt mit den Leitlinien oder Grundprinzipien der Schule.

Uns reicht meistens ein Google Doc, in das die verschiedenen Gruppen parallel schreiben können und so sehen, was die anderen Gruppen erarbeiten. Die Form ist dabei selten gleich oder perfekt.

3. Zentrale Ordner mit Schulwissen

An vielen Schulen ist das ein nicht unwichtiges Thema: Wie werden wichtige Beschlüsse, wichtige Regelungen so dokumentiert und erfasst, dass alle es mitbekommen?
Insbesondere für neue Kolleginnen und Kollegen ist es wichtig, in die Regeln eingeführt zu werden. Denn immer wieder kamen neue Kolleginnen und Kollegen auf uns zu und stellten fest, dass sie nicht über die Regeln Bescheid wussten. Also entschieden wir: Es soll einen „blauen Ordner" geben, in dem alle wichtigen Entscheidungen und Regelungen, auch zur Kultur der Schule, gebündelt werden, und dieser Ordner wird jeweils ergänzt.

Das hatte zur Folge, dass bei allem, was neu geregelt wurde bzw. was ein Kollege nicht mitbekommen hatte, gesagt wurde: „Das muss in den blauen Ordner." Die Folge war zunächst: Der Ordner wurde dicker und dicker. Das wiederum hatte zur Folge, dass ihn niemand nutzte; dies wiederum war auch ganz gut, weil natürlich im Laufe der Zeit im blauen Ordner Regelungen waren, die in der Zwischenzeit längst überholt waren und aber niemand die Zeit gefunden hatte, dies zu korrigieren. Daraus lernt man, dass eine zu große Mühe mit Dokumentation am Ende gar nichts bringt außer eventuelle Frustration, Energieverlust und unnütze Arbeit.

Wie aber kommen nun die (neuen) Kolleginnen und Kollegen an all die Regeln, die es an unserer Schule gibt? Vier Wege sind aus unserer Sicht hier am Wichtigsten:

a) Die Homepage sollte möglichst aktuell sein. Dort können sich Eltern, Schüler aber eben auch neue Lehrkräfte über die wichtigsten Dinge, die die Schule betreffen, informieren.
b) Nicht öffentliche, aber sich nicht so schnell verändernde Informationen (WLAN-Passwörter, Umgang mit Lese-Rechtschreib-Schwäche an der Schule, nicht öffentliche Vereinbarungen usw.) kommen in ein zentrales, schnell durchsuchbares Dokument. Den Link dazu erhalten alle Lehrkräfte. Die dort beschriebenen Themenbereiche werden mit Namen versehen und das Sekretariat schreibt einmal im Jahr die Personen an, ob die Information noch aktuell ist. Die Personen können die Info dann selbst unkompliziert verändern. (Am Firstwald heißt dieses Dokument einfach „FAQ Firstwald".)
c) Gute Kommunikation im Kollegium ist wichtig. Neue Kolleginnen und Kollegen bekommen einen Mentor oder eine Mentorin. So kann ein Kollege über vieles informieren und man sich gegenseitig unterstützen.
d) Ja, es werden Dinge vergessen, dann erinnert man sich gegenseitig und setzt sowieso darauf, dass man in jeder Organisation ein Jahr gewesen sein muss, um sie zu verstehen.

Das Ergebnis: Weniger Aufwand, weniger perfekt, praktikabel und effektiv.

4. In Leitbildprozesse nicht zu viel Energie stecken

Unseren Beobachtungen nach haben sich zwischen 2000 und 2010 fast alle Organisation mit Leitbildprozessen beschäftigt. Mit sehr viel Aufwand unter Beteiligung möglichst aller wichtigen Gruppen wurde in einem Zeitraum von zwei bis drei Jahren ein Leitbildprozess durchgeführt – oft mit ganz interessanten, aber häufig mit sehr unverbindlichen und unpräzisen Ergebnissen. Nichts ging mehr – nur noch der Leitbildprozess. Und wenn man damit fertig war, waren insbesondere die hauptsächlich beteiligten Schüler und Eltern mit der Schule fertig und man hätte von Neuem beginnen können.

Am Firstwald-Gymnasium haben wir im „Forum Schulentwicklung" (vgl. Teil I, 3 „Instrumente der Schulentwicklung") in einem halben Jahr einen Grundkonsens erarbeitet und formuliert, unter Beteiligung interessierter Eltern und Schülerinnen und Schüler. Der Grundkonsens ist eine Mischung aus konkreten Regelungen („Rückmeldung von allen Schülerinnen und Schülern für alle Lehrkräfte im Schuljahr") wie auch grundsätzlichen Aussagen („Wir befähigen unsere Schülerinnen und Schüler dazu, Verantwortung für sich und andere zu übernehmen. Sie sollen die Gesellschaft mitgestalten und sich für Frieden, Gerechtigkeit und die Bewah-

rung der Schöpfung einsetzen"). Der ganze Grundkonsens ist im Anhang zu finden.

Auch hier gilt: Weniger ist mehr.

5. Entscheidungen vorläufig treffen

Jede Schule muss sich bewusst sein, dass neue Wege, Entscheidungen, die Neues anstoßen, nicht perfekt sind, ja nicht perfekt sein können. Sie haben immer auch einen gewissen experimentellen Charakter. Deshalb braucht es diesen Prozess, manche Entscheidungen in kleinen Schritten einzuführen – z. B. zunächst für eine Klassenstufe und für ein bis drei Jahre, dann aber diese Erfahrungen auszuwerten, das Konzept zu verbessern und weiterzuentwickeln[69].

Auch wenn in diesem Abschnitt vieles eher konkret und beispielhaft ist: Es ist für alle Schulentwicklungsprozesse von ganz entscheidender Bedeutung, das Ziel der Entwicklung, die Umsetzung von Entscheidungen, im Blick zu haben. Geschieht dies nicht, geht enorm viel Energie verloren, und zwar bei dem Wunsch nach Perfektion oder bei der Zeit, die für eine aufwendige Dokumentation verwendet wird.

Jeder, der für Schulentwicklung verantwortlich ist, muss sich einer Sache bewusst sein: Es werden in diesem Prozess Fehler gemacht, aber so, dass dennoch Bewegung im System ist. Und gerade weil die Entscheidungen vorläufig getroffen werden, müssen sie auch nicht perfekt sein.

Hospitierenden muss man kritische Rückfragen gestatten, was wir auch immer wieder erleben: Also da sind doch nicht alle am Schulentwicklungsprozess beteiligt. Richtig: Auch hier gilt die 80:20-Regel und sogar in umgekehrter Richtung. Es reicht gut aus, wenn die 10–20 % der Kolleginnen und Kollegen, der Schülerinnen und Schüler, der Eltern beteiligt sind, die für dieses Thema die Energie mitbringen – und es reicht am Ende auch, wenn 80 % eben dieser Gruppen einer Neuerung in der Schule zustimmen. Auf die letzten 20 % zu warten, würde zu viel Energie kosten: Weniger ist mehr!

---

[69] Dazu im Detail mehr in Teil III, 1.

III Umsetzung und Ausblick

Nach der Darstellung der Leitprinzipien soll in diesem letzten Teil zunächst ausführlich am Beispiel „Digitalisierung" gezeigt werden, wie Schulentwicklungsprozesse generell, aber insbesondere bei diesem Thema, ablaufen können. Es ist ausführlich dokumentiert, um für unsere Leserinnen und Leser Anschaulichkeit zu gewährleisten, aber auch vielleicht Nachahmer zu finden, die die jeweiligen Texte einfach auf ihre Verhältnisse anpassen können. In einem kurzen zweiten Teil („Demokratie wagen") geht es nochmals darum, wie die Leitprinzipien aus unserer Sicht durchaus für andere gesellschaftliche Bereiche Anstöße geben können.

1 Beispiel: Schulentwicklungsprozess zum Thema „Zeitgemäß Lernen"

Dieser Abschnitt gibt einen Einblick in den „Maschinenraum" der Schulentwicklung beim Thema „Digitalisierung". Nicht alles wird genau so auf andere Schulen übertragbar sein, aber unsere Entscheidungen mögen zum Nachdenken anregen oder Ideen für die Gestaltung des eigenen Schulentwicklungsprozesses liefern. Gleichzeitig zeigt der nachfolgende Text, wie die „10 Leitprinzipien der Schulentwicklung" in der Praxis ihre Wirkung entfalten können. Für den Überblick findet sich eine Tabelle im Anhang.

Folgende Fragen werden in der Dokumentation beantwortet:
- Wie viel Vorlauf benötigt ein gründlicher Schulentwicklungsprozess?
- Wie aktiviere ich ein Kollegium? Wie kommt man zu neuen Ideen?
- Wie kann ein pädagogisches Konzept zum „Zeitgemäßen Lernen" entstehen?
- Warum ist es gefährlich, zunächst die Technik einzuführen und dann erst ein pädagogisches Konzept zu entwickeln?
- Wie kann man die Energien von Eltern, Schülerinnen und Schülern und Lehrkräften einbinden und bündeln?
- Wie kann man durch eine Projektvereinbarung zwischen Eltern, Schülerinnen und Schülern und Lehrern für Klarheit in Schulentwicklungsprozessen sorgen?
- Welche Fragen sind bei technischen Entscheidungen zu beachten?

- Wie kann ein pädagogischer Tag zum Paradigmenwechsel durch Digitalisierung gestaltet sein?
- Wie kann ich eine Einführung in das iPad® als Arbeitsmittel gestalten?
- Wie kann die Fortbildung des Kollegiums gelingen?
- Welche Rolle spielt ein Methoden- und Mediencurriculum in diesem Prozess?
- Warum sind fast alle Entscheidungen in Schulentwicklungsprozessen zur Digitalisierung nur vorläufig?

Im Anhang des Buchs finden sich hilfreiche Materialien zu den Bereichen:
- Gestaltung der Planungsphase
- Gestaltung der Durchführungsphase

Als Gymnasium sind wir qua Schulform angeblich nicht der Hort der Entwicklungsbereitschaft. Wir sind in evangelischer Trägerschaft; wir haben im Jahr 2010 beim Deutschen Schulpreis den Sonderpreis für Schulentwicklung erhalten; und wir haben seit 2004 ein eigenes Profilfach mit der Bezeichnung „Mensch und Medien", ein Fach mit medienethischen Fragestellungen, das zum Ziel hat, dass die Schülerinnen und Schüler die Medien beherrschen, nicht die Medien sie. Dadurch haben wir immer mindestens fünf sehr medienaffine Lehrkräfte, die dieses Fach unterrichten und weiterentwickeln. Sie standen damit im Kollegium aber bisher weitestgehend allein da.

Was treibt uns?

Niemand kann die epochalen Veränderungen in der Gesellschaft und in der Art, wie wir alle lernen, noch leugnen. Das System Schule muss darauf reagieren und endlich proaktiv agieren. Ein System, das diese Veränderungen nicht ernst nimmt, macht sich lächerlich. Gleichzeitig bekamen wir 2016 in Baden-Württemberg einen neuen Bildungsplan mit der Leitperspektive Medienbildung (mal wieder in anderen Fächern integriert) und es gab ein umfassendes Tabletprojekt an beruflichen Schulen, die mit unserem Aufbaugymnasiumszweig in einer gewissen Konkurrenz stehen. Also: Mikro- und Makroebene sprachen für einen Veränderungsprozess.

Wie ging es los?

Im Juli 2016 ging es zu dritt (stellvertretende Schulleitung, Abteilungsleiter Schulentwicklung, Fachleiter IT) zur Villa Wewersbusch nach Velbert in Nordrhein-Westfalen, um dort zu hospitieren. Diese Privatschule arbeitet seit 2012 weitgehend mit iPads®. Unsere Fragen waren weniger technischer Natur. Eher wollten wir wissen, wie sich das Lernen und der „Unterricht" durch den Einsatz von Technik verändert. Welche Chancen ergeben sich? Was sind typische Fallen? Die Ergebnisse sind an anderer Stelle nachzulesen[70], daher hier nur kurz die Zusammenfassung: Die Villa Wewersbusch setzte zum Zeitpunkt unserer Hospitation auf iPads®, Apple TV® und iTunesU® als Plattform. Sie haben technisch einfache und funktionierende Lösungen gefunden und können auf dieser Basis experimentieren. Vieles läuft noch wie an jeder anderen (ggf. reformpädagogisch beeinflussten) Schule; der Paradigmenwechsel beim Leitmedium und Veränderungen, die daraus folgen, waren aber in Teilbereichen bereits zu sehen.

Wir stellten auch fest, dass es gefährlich sein kann, Technik an einer Schule einzuführen, ohne eine Vorstellung von zeitgemäßem Lernen entwickelt zu haben. So kommt es dann vor, dass mit der neuen Technik schnell nach dem Reiz-Reaktions-Schema, also behavioristisch, gearbeitet wird, indem zuerst Apps genutzt werden, die eben keine Weiterentwicklung des Lernens darstellen, sondern einen (lerntheoretischen) Rückschritt in die 1950er-Jahre.[71]

> Leitprinzip 6:
> Jedes Wasser ohne Zufluss fängt an zu stinken

Noch mehr Hospitationen

Im Schuljahr 2016/17 waren wir zunächst beim „Forum Bildung Digitalisierung" in Berlin, einer Veranstaltung vieler großer Stiftungen. Die Freude war groß über so viel Energie im System und wir lernten viele interessante Schulen und deren Ansätze kennen. Und wir erfuhren, dass die vielen Stiftungen, die das Forum finanzieren, doch eine sehr verengte Vorstellung von Bildung haben, die wir an unserem Gymnasium so nicht leben wollen. Hier verweisen wir gerne auf die Kritik von Lisa Rosa, in aller Kürze: In der Wirtschaft dominieren Sichtweisen, die auf Individualisierung bzw. Personalisierung des Lernprozesses (durch Computer und Algorithmen) setzen. Dadurch kann Schule effizienter gestaltet werden

---

[70] Förtsch, Matthias: Hospitation in der Villa Wewersbusch – oder: Sieht so die Zukunft des Lernens aus? https://schulentwicklung.blog/2016/07/05/hospitation-in-der-villa-wewersbusch-30-06-01-07-2016/ (28.10.2019).
[71] Vgl. z. B. Wampfler, Philippe: Der Kahoot-Sog und die Gefahr der Quizifizierung der digitalen Bildung: https://schulesocialmedia.com/2017/05/19/der-kahoot-sog-und-die-gefahr-der-quizifizierung-der-digitalen-bildung/ (28.08.2019).

und ggf. können auch Lehrerstellen eingespart werden. Was wir uns dabei immer fragen: Auch die Wirtschaft hat ja eigentlich kein Interesse daran, Menschen zu formen, die einem vorgegebenen Weg folgen, sondern braucht kreative, kommunikative, kritische und soziale Wesen[72].

Hilfreich war das „Forum Bildung Digitalisierung" für die Vernetzung mit interessanten Schulen, die sich bereits auf den Weg gemacht haben. Zuerst fuhren wir mit insgesamt acht Kolleginnen und Kollegen an die Alemannenschule Wutöschingen (die im Sommer 2019 schließlich einer der Preisträger des Deutschen Schulpreises wurde). Das war Teil des Konzepts: *Möglichst viele am Entwicklungsprozess Beteiligte Erfahrungen sammeln lassen*[73]. Es gibt ein tolles Raumkonzept, ein stimmiges pädagogisches Konzept, das auf ein hohes Maß an Eigenständigkeit setzt und diese fördert sowie am Ende nachprüfbar erreicht und eine Einbettung dieser Technik in das Lernsetting, das analog und digital gestaltet wird. Unsere Erkenntnis von hier: Das Lernen selbst verändert sich auch hier nur sehr partiell; wir können von dieser Schule lernen, wie man effektiv die Basics für alle Schülerinnen und Schüler sichert (beeindruckend sind vor allem die Konzepte zur Leistungsmessung), dazu machen sich Gymnasien zu wenige Gedanken. Gleichzeitig braucht es für konstruktivistisch angelegte Lernsettings am Gymnasium unseres Erachtens zusätzlich weitergehende Zielsetzungen. Auch in Wutöschingen arbeitet man übrigens mit iPads® und die Trägerin fördert die geleasten Geräte mit 10 € pro Monat. Die Schule ist der Leuchtturm der Stadt.

> **Leitprinzip 8:**
> „*Das geht bei uns nicht*" –
> K.-o.-Argumente entlarven
> und überwinden

Nach zwei Gemeinschaftsschulen fehlte uns noch die Perspektive eines Gymnasiums. Da wir an einer christlichen Schule interessiert waren, ging es erneut Richtung Bodensee, zum Schloss Gaienhofen, eine Schule in evangelischer Trägerschaft der Landeskirche Baden. Hier gibt es eine Arbeitsgruppe zur Individualisierung, die mit großem Engagement in diesem Zusammenhang eine technische Aufrüstung durchgesetzt hat. Auch diese Schule setzt auf iPads®. Es gibt eine Lernplattform (itslearning®), die nach unseren Eindrücken kaum genutzt wird und bei Erzählungen und auf Nachfrage keine Rolle spielte

---

[72] Vgl. Rosa, Lisa: Welche „digitale Bildungsrevolution" wollen wir? https://shiftingschool.wordpress.com/2016/10/24/welche-digitale-bildungsrevolution-wollen-wir/, (28.08.2019).
[73] Über diese Schule ist schon viel geschrieben und erzählt worden, unter anderem von Johannes Zylka, vgl. Zylka, Johannes: Schule auf dem Weg zur personalisierten Lernumgebung: Modelle neuen Lehrens und Lernens. Beltz, 2017.

(Nachtrag: Inzwischen hat diese Schule auf eine benutzerfreundliche Alternative umgestellt). Alle Lehrkräfte bekommen zum Einstieg ein iPad® zur Verfügung gestellt, es gibt aber kein einheitliches Konzept zur „Individualisierung", der Unterricht sah weitestgehend so aus wie ein gutes Gymnasium heutzutage bereits arbeitet: Frontale und dezentrale Phasen wechseln sich ab, Projekte sind an der Tagesordnung und der Umgang mit abstrakten Lerninhalten und Theorien ebenfalls.

Unser Zwischenfazit zu den Hospitationen: Einige gute Ansätze, (noch) kein einheitliches Bild, wo wir hinwollen. Wir sind unsicher.

Firstwald 2025 – Kick-off-Tagung mit allen Beteiligten

Auf dieser Basis sahen wir es als unerlässlich an, mit allen am Schulleben Beteiligten eine kleine Denkfabrik zu bilden, die Zukunftsentwürfe für unsere Schule entwickelt. Dazu organisierten wir eine Kick-off-Tagung, eine Schulentwicklungsklausur mit Schülerinnen und Schülern, Eltern und Lehrkräften. 22 Interessierte dachten in ihrer Freizeit Freitag/Samstag mit und weiter. Mit der Methode World-Café dachten wir über vier Fragen auf unterschiedlichen Ebenen nach, von abstrakt bis sehr konkret:
1. Bildungsziele und Unterrichtsentwicklung
2. Was lernen unsere Schülerinnen und Schüler in unserem Profilfach „Mensch und Medien"? Was sollten alle lernen?
3. Wie könnte ein optimiertes Methoden- und Mediencurriculum auf dieser Basis aussehen?
4. Welche Technik brauchen wir dafür?

 Leitprinzip 1: *Nur aus Chaos kann neuer Kosmos entstehen*
Leitprinzip 2: *Alles Gute kommt von unten*
Leitprinzip 3: *Nicht in Gremien denken*

Dazu gab es jeweils noch Unterfragen und in den Gruppen wurde mit abnehmender Zeit gearbeitet, sodass man beim vierten Durchgang nur noch zur Kenntnis nehmen konnte und kleine Ergänzungen möglich waren. Hier ein Bild zu Frage 1:

III Umsetzung und Ausblick

Wir gingen dabei von den Stärken der Schule aus, die von den Eltern auch in den Aspekten Persönlichkeitsbildung, Gemeinschaftsgefühl und dem Blick für den Einzelnen gesehen werden. Diese Stärken sollten in dem Prozess nicht verloren gehen, sondern leitend werden für die Weiterentwicklung der Schule.

Bildungsziele und Unterricht im Jahr 2025 konnten nach Ansicht von Eltern, Schülerinnen und Schülern und Lehrkräften, die an der Tagung teilnahmen, darin bestehen, dass die Verantwortung für die Gesellschaft im Unterricht im Vordergrund steht, z.B. in der Orientierung an den zentralen Schlüsselproblemen

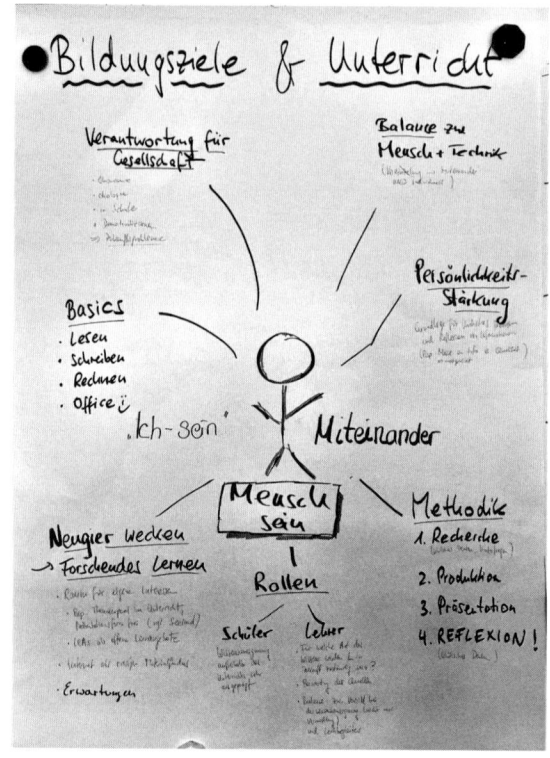

bzw. Zukunftsproblemen. Gleichzeitig müssen alle am Schulleben Beteiligten die Balance zwischen Mensch und Technik hinbekommen – es geht um ein Miteinander, nicht um Vereinzelung. Die Persönlichkeitsstärkung ist wiederum die Grundlage für kritisches Denken und die Reflexion von Informationen. Gemeinsam wurde auch festgestellt, dass zu den Basics Lesen, Schreiben und Rechnen inzwischen Office-Kompetenzen gehören könnten (Zehnfingersystem, ggf. zukünftig auch Umgang mit Diktiersystemen usw.).

Auf drei Aspekte, die erarbeitet wurden, lohnt es, genauer einzugehen:
1. **Wir brauchen mehr forschendes Lernen, das Neugier weckt.** Es braucht Raum für eigene Interessen, z.B. in Form eines Themenpools im Unterricht, bei dem zum Abschluss des Projekts die Präsentationsform frei gewählt werden kann. Wir wollen auch die freien Lernangebote (die bei uns LeA heißen), in dieses Denken integrieren.

1 Beispiel: Schulentwicklungsprozess zum Thema „Zeitgemäß Lernen"

2. **Die Rollen von Schülerinnen und Schülern wie Lehrkräften verändern sich** in dem Moment, in dem das World Wide Web mit all seinen Informationen jeder Person im Raum zu jeder Zeit vorliegt. Bei Schülerinnen und Schülern ist die Wissensaneignung natürlich schon lange auch außerhalb des Unterrichts sehr ausgeprägt, YouTube® und Co bieten dazu einen riesigen Fundus. Lehrkräfte müssen sich fragen, für welche Art von Wissen sie zukünftig überhaupt noch zuständig sein werden. Sicherlich werden sie stärker bei der Bewertung von Quellen helfen müssen und Vorbild werden in der Balance zwischen Vorbild sein bei der Wissensaneignung und der Rolle als Lernbegleiter.
3. **Methodisch arbeiten Schulen verstärkt mit den Schritten Recherche – Produktion – Präsentation – Reflexion.** Dabei gilt es dann in der Recherchephase die Quellenkritik zu schulen und im gesamten Prozess kriterienorientiert sich selbst zu reflektieren, ein anspruchsvolles Vorhaben. Bestätigung fanden wir später im Konzept des „Deep(er) Learning" von Frau Prof. Sliwka (Universität Heidelberg), die dieses Konzept als Antwort auf die Herausforderung der Künstlichen Intelligenz verstanden wissen will[74] (vgl. Teil I, 5).

Alle Ergebnisse der Tagung wurden im Kollegium vorgestellt und bestanden auf technischer Seite auch darin, dass wir die Lehrkräfte mitnehmen müssen. Dazu hat uns auch Jan Weiss vom Eduard-Spranger-Gymnasium in Filderstadt die Augen geöffnet. Deren Ansatz, ständig kleine attraktive Angebote zur Fortbildung[75] zu machen, ist bei uns schon gut etabliert. Wir wollten also alle mitnehmen und begeistern (wer will das nicht?), also mussten wir einen Anknüpfungspunkt bieten, und der besteht in Office 365®. Auch nicht technikaffine Lehrkräfte sind mit Office-Bedienelementen vertraut. Dieses Tor nutzen wir bis heute.

> **Leitprinzip 4:**
> Was nicht einfach geht, geht einfach nicht

---

[74] Sliwka, Anne: Lernwirksamer Unterricht: Empirische Forschung und internationale Entwicklungen in besonders leistungsstarken Schulsystemen. Vortragsfolien abrufbar unter: https://rp.baden-wuerttemberg.de/rps/Abt7/Fortbildung/Fortbildung/Materialien/LWU-AnneSliwka-Lernwirksamer%20Unterricht.pdf (28.10.2019).
[75] An manchen Schulen wird diese Idee auch „Kurskiosk" genannt, es geht um die Niederschwelligkeit des Angebots.

Die Technik

Office 365®[76] schauten wir uns auf der Didacta als Learning-Management-System an. Es gibt Lösungen verschiedenster Firmen dazu. Was es zu diesem Zeitpunkt noch nicht gab, war ein Kommunikationssystem innerhalb von Office 365® zum fachlichen Austausch mit den Kursen/Klassen. Inzwischen ist dieses Problem dank Microsoft Teams® erledigt.

Wir hatten dank eines OneNote-Kurses in der Oberstufe bereits Erfahrungen gesammelt und auch einige Kolleginnen und Kollegen von dieser Art zu arbeiten überzeugt. Damit meinen wir OneNote® als Wissenshub, nicht als alleinige Lösung für alles. Aber vieles, wofür man sonst verschiedene Apps braucht und sich einarbeiten muss, geht in diesem System (Quizzes, Bildergeschichten sortieren und schreiben, Peer-Correction, überhaupt Kolloboration jeglicher Art, gemeinsame Tafelanschriebe, Visualisierungen, Audioaufnahmen, Einbindung von YouTube® usw.).

Nun fehlte uns noch eine bezahlbare und stabile Hardware-Lösung. Wir gingen sehr ergebnisoffen an diese Frage heran, wohl wissend, dass sich viele Schulen für iPads® und Apple TVs® entschieden hatten. Ein WLAN-Netz ist vorhanden und halbwegs stabil, in den Testräumen bereits sehr gut. Auch hier war noch Arbeit zu erledigen.

Was wir wollten:
1. Stiftbedienung möglich
2. haltbar und ordentlich verarbeitet
3. einfach zu wartendes System
4. Kosten unter 400 €

Natürlich haben viele Hersteller ein solches System prinzipiell im Angebot, aber schaut man sich die Erfahrungen mit Windows®-Systemen an verschiedenen Schulen an, so zeigt sich, dass dies im Oberstufenbereich ganz gut funktionieren kann, aber Kriterium 3 in Unter- und Mittelstufe sehr wichtig wird. Wir sind schließlich Pädagogen und wollen/können nicht den ganzen Tag technische Probleme lösen. Wir ließen uns verschiedene Geräte zuschicken und testeten

---

[76] Ob ein Einsatz von Office 365® in Schulen datenschutzrechtlich möglich ist, wird zum Zeitpunkt des Schreibens dieses Textes noch immer geprüft. Schulen leiden unter nicht verfügbaren staatlichen Plattformen, zu komplexen bzw. umständlichen freien Systemen wie „Moodle" und hervorragenden Systemen von großen amerikanischen Firmen, bei denen die Datenschutzfrage ungeklärt ist, die aber ein hohes Maß an Datensicherheit bieten. Wir empfehlen in jedem Fall, möglichst sparsam mit Schülerinnen- und Schülerdaten umzugehen.

sie in den Klassenräumen, auch mit den verschiedensten Streaming-Sticks. Vielen brauchen wir nicht zu sagen, dass die zuverlässigste Lösung, die außerdem als einzige die Differenzierung nach Räumen zulässt, ohne dass jemand vom Nachbarraum darauf zugreift, ein Apple TV® war und ist (oder ein TV mit integrierter AirPlay®-Funktion).

Wir entschieden uns daher, weiter offen zu bleiben und eine vorläufige und bezahlbare Lösung zu finden (in diesem Bereich ist alles vorläufig). Das heißt, wir testen mit unseren Schülern die neuen iPads® von 2017 für ca. 350 € mit dem Nachteil, dass keine Stiftbedienung möglich war. Das ist schade, aber der Preis, den wir für die Erfüllung der uns wichtigeren Kriterien zahlen müssen. Auch diejenigen Eltern, die Angst haben, ihre Kinder würden das Schreiben auf Papier verlernen, nehmen wir so mit. iPads® sind gut wartbar und stabil. Für das Mobile Device Management (MDM) entschieden wir uns aus Kostengründen auch für eine günstige vorläufige Lösung, nämlich Zuludesk®, das mit 5 € pro Jahr pro Gerät (bzw. 20 € für eine Lifetime-Lizenz) gut leistbar ist.

Die Oberstufenschülerinnen und -schüler sollten selbst entscheiden können, mit welchem Gerät sie arbeiten wollen. Das wird in Zukunft weitere Probleme mit sich bringen, aber hier wäre es gut, wenn Eltern mit ihren Kindern entscheiden können, im Hinblick aufs Studium ein von ihnen dann selbst zu wartendes 2-in-1-Convertible o. Ä. anzuschaffen.

Pädagogischer Tag als Barcamp

Im April 2017 stellten wir dem Kollegium alle Varianten bei einem pädagogischen Tag vor. Den Weg zum Umdenken ebnete ein externer Referent (der Medienpädagoge Axel Krommer der Universität Erlangen-Nürnberg) mit seinem sehr gelungenen und kurzweiligen Impulsvortrag zum „Unterricht in Zeiten der Digitalisierung", in dem er deutlich machte, wie unsere Schule (und alle anderen mit) durch den Übergang von der Gutenberg-Galaxis in die Turing-Galaxis bildlich auf den Kopf gestellt wird. Anschließend boten Kolleginnen und Kollegen Impulse und Entwicklungsideen für den Unterricht, wenn die Geräte denn mal im Einsatz sind bzw. wie man die Handys der Schülerinnen und Schüler gewinnbringend nutzen kann. Vielen wurde da erst klar, wie verbreitet der unterrichtliche Einsatz der Handys z. B. in Sport bzw. den Naturwissenschaften bereits ist. Fazit des Kollegiums: „Danke, dass Ihr auch uns Dinosaurier mitgenommen habt", und: „Mir brummt der Schädel, das verändert ja ALLES!". Es ist das gleiche Gefühl, das man hat, wenn man zum ersten Mal auf einem Educamp[77] ist.

Forum Schulentwicklung und Schulkonferenz

Es folgte noch die Aussprache mit den Eltern, die am Prozess immer beteiligt waren, im Rahmen unseres Forums Schulentwicklung und im Rahmen der Schulkonferenz. Wir vereinbarten, einen kleinen technischen Testlauf zu machen und im kommenden Schuljahr über Finanzierungsfragen zu sprechen.

Entscheidung der Schulleitung: Pilot

Zu Beginn des Schuljahres 2017 war der Stand so: Die Schulleitung hatte entschieden, dass wir einen Satz mit 30 iPads® anschaffen. Diesen testeten wir in mehreren Räumen mit den neu eingerichteten Informatikkursen in Klasse 7 (laut Bildungsplan 2016). Auf Basis der laufenden Technik wollten wir dann an die Fortbildung der Lehrkräfte herangehen und mit den Eltern über die Finanzierung im kommenden Schuljahr reden. Der Plan war, im folgenden Schuljahr zu einer 1:1-Ausstattung ab Klasse 7 zu kommen (die anschließend hochwächst). Der Satz mit den 30 iPads® könnte anschließend als Leihsatz in den Klassen 5 und 6 eingesetzt werden.

Kommunikation in diesem Schulentwicklungsprozess

Gespräche mit dem Träger

Ab Dezember 2017 gab es erste Gespräche mit dem Träger über die Finanzierung des Projekts. Es war von Beginn an klar, dass wir nicht ohne eine Mischfinanzierung auskommen würden. Der Träger erklärte sich bereit, alle benötigten Geräte (also auch die von Lehrkräften) mit 200 € zu bezuschussen. Gleichzeitig wurden Ressourcen für die Umsetzung des Projekts zur Verfügung gestellt (insgesamt über drei Jahre je drei Deputatsstunden). Ein zweites Element sollte die Öffnung des schuleigenen Sozialfonds sein, in den alle Eltern, denen es möglich ist, 3 € pro Monat einzahlen. Für diesen sollte die Fördergrenze herabgesetzt werden, um mehr Eltern eine Förderung zu ermöglichen. Als letztes

---
[77] https://educamps.org (28.10.2019)

Netz blieb noch der Freundeskreis der Schule, der im Notfall fällige Restbeträge übernehmen könnte.

Überzeugt werden konnte der Träger durch eine pädagogische Konzeption für das Projekt „Zeitgemäß Lernen". Wir sind generell der Überzeugung, dass Pädagogen in solchen Prozessen pädagogische Argumente und Antworten finden müssen, um die Vertreter der Finanzen zu überzeugen. Und so sah diese aus:

> **Leitprinzip 2:**
> Alles Gute kommt von unten

Projekt „Zeitgemäß Lernen"

Pädagogische Konzeption

Projektidee

Wir wollen untersuchen, wie sich das schulische Lernen im Zeitalter der Digitalisierung verändern muss, um Schülerinnen und Schüler auf die aktuellen gesellschaftlichen Herausforderungen und Schlüsselprobleme vorzubereiten, mit dem Ziel der Mündigkeit und dem Handeln nach ethischen Prinzipien.

Was wir wollen

1. Wir wollen neue technische Möglichkeiten (durch eine 1:1-Ausstattung mit Tablets und eine einheitliche Plattform zur Zusammenarbeit) zum Lernen nutzen.
2. Wir wollen den Schülerinnen und Schülern Möglichkeiten geben, ihr eigenes mediales Handeln (auch im privaten Bereich) zu reflektieren und den Blick auf den Einsatz zu Arbeitszwecken zu richten. Dazu gehören auch die Möglichkeiten der Trennung von Freizeit und Arbeit.
3. Wir wollen die Anforderungen im Bildungsplan zur Leitperspektive Medienbildung umsetzen; dazu gehören auch die Fächer „Basiskurs Medienbildung" (Klasse 5) und der „Aufbaukurs Informatik" (Klasse 7).
4. Viele Lerninhalte unseres Profilfachs „Mensch und Medien" sind in der Zwischenzeit für alle Schülerinnen und Schüler relevant geworden und sind in unser neu konzipiertes Methoden- und Mediencurriculum eingegangen. Wir wollen die neuen technischen Möglichkeiten für dessen Umsetzung nutzen und anhand dieser Erfahrungen das Profilfach weiterentwickeln.

5. Wir wollen anhand des 4-K-Modells des Lernens (Kommunikation, Kollaboration, Kreativität, kritisches Denken) in unserem jeweiligen Fachunterricht prüfen, welche inhaltlichen Schwerpunktsetzungen sinnvoll sind. Dadurch wollen wir Schülerinnen und Schüler dazu befähigen, später Berufe ausüben zu können, die heute noch nicht existieren.
6. Wir wollen mithilfe des SAMR-Modells (Substitution, Augmentation, Modification, Redefinition) die erweiterten didaktischen Möglichkeiten, die sich in der Unterrichtsplanung ergeben, reflektieren.
7. Wir wollen unsere vierteljährlichen pädagogischen Konferenzen für den Austausch zu didaktischen und pädagogischen Fragen durch das veränderte Lernsetting nutzen.
8. Wir wollen diesen Prozess gemeinsam mit Eltern, Schülerinnen und Schülern und Kolleginnen und Kollegen begleiten und mithilfe der Trägerin evaluieren, um Erfahrungen auch für die anderen Schulen der Schulstiftung zu sammeln.

Was wir nicht wollen

1. Wir wollen keine Volldigitalisierung des Unterrichts. Bewährte Unterrichtskonzepte und -methoden müssen und sollen erhalten bleiben, neue Methoden und Herangehensweisen sollen behutsam eingeführt, geprüft und ggf. etabliert und mit den bewährten Konzepten/Methoden kombiniert oder verbunden werden.
2. Für jedes pädagogische Problem gibt es eine gesonderte App. Das ist gerade nicht unser Ansatz. Es geht um die Weiterentwicklung der Arbeit an Inhalten. Im Vordergrund steht das Ziel (ggf. auch ein neues Ziel), nicht das Mittel dazu. Daher fokussieren wir uns zunächst auf möglichst wenige Programme.

Was wir schon wissen

1. Wir wissen, dass diese pädagogische Konzeption nur vorläufig sein kann und regelmäßig mit den Erfahrungen des Projekts aktualisiert werden muss.
2. Wir wissen auf Basis von Modellversuchen in der Schule, dass sich die Möglichkeiten der Zusammenarbeit, der Kommunikation über Lernprozesse und der Ergebnissicherung im Unterricht erweitern und von Schülerinnen und Schülern schnell und effektiv genutzt werden können.

3. Wir wissen, dass sich das Lernen in der Gesellschaft stark verändert und schon bei den Schülerinnen und Schülern privat verändert hat (Gamification, auch in Unternehmen; Lernvideos; Vernetzung über soziale Medien auch zu Lernzwecken; Vermischung von formellem und informellem Lernen usw.).
4. Wir wissen, dass es neue pädagogische Herausforderungen geben wird. Dazu gehören unter anderem:
   a) Ablenkung durch die Geräte
   b) Addition der Bildschirmzeiten in der Schule und zu Hause
   c) Strukturierung des eigenen Lernprozesses, analog wie digital
5. Wir wissen, dass wir Lehrkräfte eine veränderte Rolle haben werden, wenn alles Wissen potenziell immer zur Verfügung steht. Unser Fokus wird stärker auf der (Vor-)Strukturierung, Auswahl, Reduktion, Moderation und Begleitung von Lernprozessen liegen.
6. Wir wissen, dass der Umgang mit Medien zu einem der Ankerpunkte des gemeinsamen Erziehungsauftrags zwischen Eltern und Schule geworden ist. Der Dialog darüber wird verstärkt werden müssen.

Was wir noch nicht wissen

1. Wir wissen noch nicht, wie der Unterricht in ein paar Jahren aussehen wird, aber wir haben eine Vorstellung davon, die die Grundlage dieses Projekts bildet.
2. Wir wissen nicht, wie hoch der jeweilige Anteil an digitalen bzw. „analogen" Tätigkeiten und Lernprozessen sein wird und wie stark gerade dann handwerklich-praktische Lernelemente vertreten sein sollten.
3. Wir wissen noch nicht, ob die Lernergebnisse (bei alten Zielen) besser sein werden oder ob wir damit ganz andere Lernergebnisse bei neuen Lernzielen erreichen. Der Bildungsplan darf dabei nicht aus dem Blick geraten, sondern muss im Gegenteil Leitlinie für das unterrichtliche Handeln sein.

Das Unterrichtsmodell „Deeper Learning" war zu Beginn noch nicht in der pädagogischen Grobkonzeption verankert. Übrigens wurde dieses Dokument auf Twitter® per Link zur Diskussion gestellt und zahlreiche Medienprofessoren und Medienberater aus allen Bundesländern und sogar aus der Schweiz und Österreich stellten Fragen an die Konzeption und halfen so, die Grundlage zu verbessern. Vernetzung mit anderen Schulen und Denkern gehört zu den absoluten Grundlagen eines Entwicklungsprozesses.

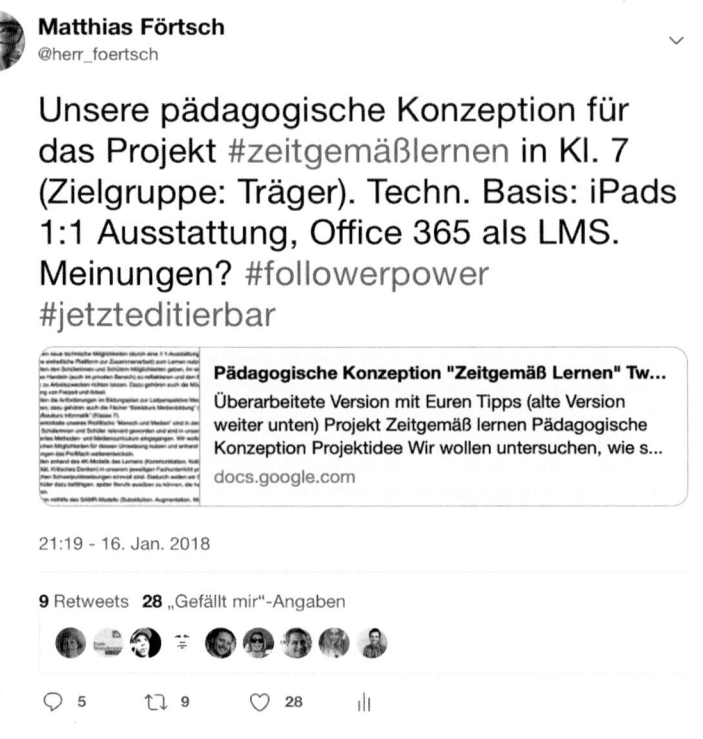

Austausch mit den Eltern: Elterninfoabend

Parallel organisierten wir den ersten offenen Elterninfoabend zum Projekt „Zeitgemäß Lernen". Wir wollten den Eltern der zukünftigen Klassen 7, sowie anderen interessierten Eltern unsere Vorstellung vom veränderten Lernen und neuen Zielsetzungen (4 K und darüber hinaus) vermitteln, aber sie auch für den Prozess gewinnen und sie einbinden.

▶ Nicht in Gremien denken

1 Beispiel: Schulentwicklungsprozess zum Thema „Zeitgemäß Lernen"

Die Grundstruktur des Abends war so, dass wir von der geschlossenen Form Vortrag mit Halböffnung durch ein Padlet®, einer App, die auch geeignet ist, Fragen zu sammeln, zu einer moderierten Phase kamen, in der wir die hauptsächlich gelikten und damit für die Eltern wichtigsten Fragen beantworteten. Dies verhindert die Setzung von Totschlagargumenten im Plenum, die die Mehrheit ggf. gar nicht unterstützt. Gleichzeitig gab es in der anschließenden Praxisphase die Möglichkeit für Fragen und zum Austausch, ohne das Plenum zu belasten. Diese Struktur hat sehr gut funktioniert. Wir hatten so die Situation, dass im geschützten Rahmen der Praxisphase sogar Eltern andere Eltern von unseren Ideen überzeugten. So gab es z. B. auch einzelne WLAN-Gegner unter den Eltern, die dann aber schnell in Diskussionen im kleinen Kreise feststellten, dass die meisten Eltern unter Abwägung von Chancen und Risiken durch ein WLAN den Risiken keine große Bedeutung zumaßen.

 Leitprinzip 2: *Alles Gute kommt von unten*
Leitprinzip 9: *Nicht in Begrenzungen, sondern in Möglichkeiten denken*

Uhrzeit	Aktion	Funktion	To-do
19:00	Begrüßung, Ankommen	Struktur des Tages vom Geschlossenen zum Offenen erläutern	Tablets auslegen
19:05	Kurzeinführung des Padlets®	Beteiligung der Eltern, Zeigen eines kollaborativen Lernprozesses	Padlet® fertigstellen
19:05	Kurzvortrag: Zeitgemäß Lernen – Was verstehen wir darunter?	Verständnis für den Prozess an der Schule	
19:25	Rückfragen zum Vortrag per Padlet®		
19:40	Praxisphase (je 20 Minuten)	zwei Phasen wählbar	Klingel
	Angebot 1: Möglichkeiten mit Tablets im Informatikunterricht	L zeigt Informatikunterricht	
	Angebot 2: Wie Oberstufenschülerinnen und -schüler heutzutage lernen und kommunizieren	S und L zusammen zeigen Microsoft Teams® und die Arbeit mit Simple Club® und/oder YouTube®.	

III Umsetzung und Ausblick

Uhrzeit	Aktion	Funktion	To-do
	Angebot 3: Ein Kurs auf OneNote®-Basis – Wie geht Zusammenarbeit damit?	S präsentieren Erfahrungen aus zwei Jahren GK-Kurs auf OneNote®-Basis	
	Angebot 4: Fragerunde im kleinen Kreis: Konzeption, Finanzierung	Schulleiter, Schulentwickler, Möglichkeit für Fragen	
20:25	Abschluss und Fragen, Ausblick aufs Forum Schulentwicklung	inkl. Befragung der Eltern zur Finanzierungsbereitschaft	
20:40	Ende		

Es zeigte sich unter anderem, dass 400 € für viele Eltern eine Schmerzgrenze zur Finanzierung darstellten. Wir fragten auch ab, welche Geräte ansonsten im Haushalt vorhanden sind, weil es eine gewisse Deckungsmenge gibt. Die meisten Eltern hätten für Ihre Kinder sowieso ein Arbeitsgerät angeschafft, ggf. aber ein wenig später. Wir hatten bereits ein Jahr im Voraus darum gebeten, falls möglich kein Gerät privat anzuschaffen, da die Schule hier einen gemeinsamen Weg beschreiten möchte.

Das Thema des Vortrags zu Beginn war die Setzung der Projektbezeichnung „Zeitgemäß Lernen". Uns war es wichtig, hier explizit nicht von Tabletklassen zu sprechen. In solchen Fällen schlägt das Framing[78] gnadenlos zu und die Einführung zusätzlicher Technik wird nur noch unter Technikaspekten gesehen und auch kritisiert. Fragen der gesellschaftlichen Veränderungen sollten mit der Herausforderung verknüpft werden, wie schulisches Lernen darauf reagieren sollte. Als Leitschnur sollte uns zu dem Zeitpunkt das 4-K-Modell des Lernens[79] dienen, das Andreas Schleicher auf der re:publica 2013 in Deutschland bekannt machte.[80] Wir stellten also im Vortrag folgende Fragen:

---

[78] Vgl. Wehling, Elisabeth: Politisches Framing – Wie eine Nation sich ihr Denken einredet. Ullstein Taschenbuch, 2018.
[79] 4-K-Modell des Lernens: https://de.wikipedia.org/wiki/4K-Modell_des_Lernens (28.10.2019).
[80] Vgl. Schleicher, Andreas: 21st century skills. Keynote auf der re:publica 2013: https://www.youtube.com/watch?v=Ibb5KE6Cl_w (28.10.2019).

1 Beispiel: Schulentwicklungsprozess zum Thema „Zeitgemäß Lernen"

Wie verändert sich in Zeiten von technikgetriebenen gesellschaftlichen Veränderungen[81]
1. die Kommunikation über Lernprozesse bzw. die Kommunikation von Erlerntem?
2. die Kollaboration mit den Mitschülerinnen und Mitschülern und anderen Mitgliedern der Gesellschaft in diesen Lernprozessen?
3. die Bedeutung der Kreativität in Lernprozessen?
4. die Bedeutung des kritischen Denkens?

Hier sehen Sie einen Ausschnitt des Padlets® mit Bewertung der wichtigsten Fragen während des Vortrags. Interessant ist auch der Diskussionsprozess, der unter den Eltern begann (siehe unter „Wünsche" rechts unten).

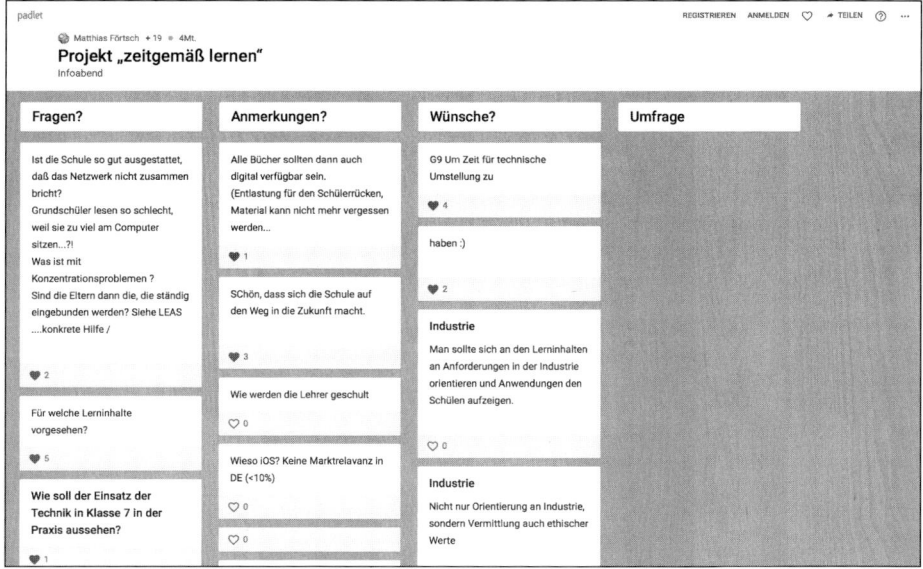

---

[81] Vgl. Honegger, Beat Döbeli: Mehr als 0 und 1: Schule in einer digitalisierten Welt. hep Verlag, 2016.

Als Letztes stellten wir unsere Vorstellungen zur technischen Ausstattung vor:

Kursstufe 2	Jede(r) bringt sein Wunschgerät (ggf. in Hinblick auf Studium etc. angeschafft) mit, es kann aber auch das Mittelstufengerät weitergenutzt werden.
Kursstufe 1	
Klasse 10	
Klasse 9	1:1 Ausstattung: Alle Schülerinnen und Schüler haben das gleiche Gerät, Nutzung für den Aufbaukurs Informatik.
Klasse 8	
Klasse 7	
Klasse 6	Leihgeräte von der Schule nach Bedarf, Nutzung für den Basiskurs Medienbildung
Klasse 5	

Freigabe des Projekts durch Schulkonferenz und Projektvereinbarung

Da sowohl die Finanzierung als auch die pädagogische Konzeption klar waren und verschiedene informelle Arbeitsgruppen sowie Gremien in die Entwicklung des Projekts „Zeitgemäß Lernen" einbezogen waren, war die Freigabe des Projekts durch die Schulkonferenz nur noch eine Formsache.

Entscheidender war die Entwicklung einer gemeinsamen Projektvereinbarung. Eltern wie Schule hatten das Bedürfnis, die Verantwortlichkeiten im Projekt zu klären, z.B. in Bezug auf Nutzungszeiten der Geräte, Pflege und Wartung, Datenschutz, Versicherung usw. An mehreren Terminen setzten wir uns mit Eltern und Schülerinnen und Schülern der zukünftigen Klassen 7 zusammen, um die gegenseitigen Erwartungen zu formulieren. Die Gruppen durften jeweils die Erwartungen an die anderen Gruppen aufschreiben; dies wurde anschließend in einer Vereinbarung festgehalten, die die Themenbereiche Datenschutz, Verantwortung, Finanzierung und Ausstattung abdecken sollte.

Projektvereinbarung „Zeitgemäß Lernen" des Evangelischen Firstwald-Gymnasium Mössingen

Die Schule ...

- sensibilisiert im Rahmen des Methoden- und Mediencurriculums für ethische Fragestellungen zum Umgang mit Medien (Verantwortung, Mobbing, Gefahren im Netz).
- stellt eine Lernplattform bereit, die geräteübergreifend nutzbar ist und die Anforderungen des EU-Datenschutzes erfüllt.
- sorgt für Lademöglichkeiten und einen sicheren Aufbewahrungsort für Geräte.
- sorgt für einen altersgerechten Zugang ins Internet (z. B. durch Webfilter).
- sorgt für eine in der Regel funktionierende Infrastruktur (WLAN) und kümmert sich um die Erhöhung der Internetbandbreite.
- kümmert sich um die schrittweise verlaufende Fortbildung der Lehrkräfte und den zunehmenden Einsatz der neuen technischen Möglichkeiten im Unterricht.
- kümmert sich um den Kauf und die Einführung (für Schülerinnen und Schüler und Eltern) in das für den Jahrgang gewählte Gerät.
- plant in Absprache mit den Eltern eine schrittweise Öffnung der Nutzung der Tablets.
- fördert im Rahmen des Projekts die Anschaffung des Geräts mit 200 € und stellt bei Bedarf weitere Mittel über den Sozialfonds bereit (Antrag nötig).
- bietet den Eltern Fortbildungsangebote.

Die Eltern ...

- finanzieren einen Teil des Geräts mit einer Höchstsumme von 250 €.
- sind bereit, sich auf die Lernplattform einzulassen (EU-Datenschutz).
- schließen die WGV-Zusatzversicherung von 1 € als grundlegenden Versicherungsschutz ab (Schadensersatz nach Zeitwert, max. 300 €, siehe WGV-Bedingungen 5.2.2.2) und erweitern diesen bei Bedarf um eigenen Versicherungsschutz (Diebstahl, Eigenverschulden usw.).
- tragen die Anschaffung eines einheitlichen Gerätes mit, damit keine Zweiklassengesellschaft entsteht und die Nachhaltigkeit gesichert ist.
- sind als „Pädagogen zu Hause" bereit, sich bei Bedarf fortzubilden, um dem (digitalen) Wandel der Gesellschaft gerecht zu werden.

- sind bereit, sich über das Pilotprojekt zu informieren und im zeitlich möglichen Rahmen in das Forum Schulentwicklung und Elterngremien einzubringen.
- geben den Beteiligten des Projekts die nötige Zeit und den Raum, um Herausforderungen zu bewältigen (z. B. durch gesammelte Rückmeldungen über einen längeren Zeitraum, vierteljährliche Treffen).
- vertrauen ihren Kindern bei der Nutzung und im sorgfältigen Umgang mit den Geräten.
- sind bereit, ihren Kindern zu helfen (oder Hilfe zu organisieren).

Die Schülerinnen und Schüler …

- beachten die Schülervereinbarung (besonders in Bezug auf Foto- und Videoaufnahmen).
- gehen respektvoll mit der Technik um („mein Arbeitsgerät").
- warten das Gerät selbst (Updates, Aufladung, Reinigung).
- zeigen Eigenverantwortung im Umgang mit dem Gerät in Bezug auf Nutzungszeiten und Nutzungsarten.
- sind bereit zur verstärkten Zusammenarbeit mit den Mitschülerinnen und Mitschülern.
- sind bereit, Lehrkräften zu helfen.
- haben Mut zum Scheitern (auch misslungene Unterrichtsversuche werden toleriert und weiterentwickelt) und zeigen Neugier, Freude und Motivation für das neue Lernen.

Gerät

- Apple iPad® 2018 (ca. 310 €)
- Stift Logitech Crayon® (ca 50 €)
- Hülle nach Wahl (ab ca. 10 €)
- optional: Bluetooth®-Tastatur (ab ca. 25 €)

Der Übergabe-Elternabend

Der Elternabend, an dem die Tablets an die Eltern übergeben wurden (und damit auch die Verantwortung bis zum Zeitpunkt der schulischen Einführung für die Schülerinnen und Schüler), hatte folgende Grobstruktur[82]:

---

[82] Im Anhang unter „Übergabe Elternabend Aufgabe" finden Sie ein Arbeitsblatt, welches bei dem Elternabend ausgeteilt wurde, um die Eltern mit den neuen Geräten vertraut zu machen.

- Begrüßung
- Projektcharakter vorstellen
- Elternvereinbarung vorstellen, vor allem Aufgaben der Eltern
- Bezahlmodelle vorstellen
- Vorerfahrung mit Tablets abfragen: je Gruppentisch zwei Expertinnen/Experten und zwei Anfänger/Anfängerinnen
- „One Best Thing" aus dem Biologie-Unterricht (Anatomie-App)
- Tablets ausgeben
- technische Basis sichern: Log-in-Daten für die Lernplattform
- Aufgabenblatt, gemeinsam zu bearbeiten von Eltern und ihren Kindern
- Fazit: kurzes Quiz mit der App Kahoot® zur Mediennutzung Jugendlicher

Tableteinführung für die Schülerinnen und Schüler

Im Rahmen der letzten Schultage, an denen sowieso unterrichtlich immer sehr wenig stattfindet, führten wir die Schülerinnen und Schüler in die schulische Nutzung der Tablets ein. Folgende Aspekte spielten eine Rolle:

Einführung gemeinsame Regeln

- Konzentration: iPad® umdrehen
- AirPlay®-Verantwortung
- Verantwortung für Inhalte
- Persönlichkeitsrechte
- Verhalten in Chats:
  - keine Beleidigungen
  - kein Spammen, kein Blabla (nur in der digitalen Spielwiese)
  - Trennung von privaten und Schulgesprächen
  - gegenseitiges Unterstützen
  - auch dumme Fragen beantworten
- Aufgaben: aufladen, warten, vernünftiger Umgang, keine Installation nicht autorisierter Inhalte
- Einrichten der Notizbücher für alle Fächer: Kursnotizen, HA
- Basisfunktionen iOS®:
  - Screenshot erstellen
  - Multitasking
  - Drag-and-drop
  - Dateimanager

- eine Datei per AirDrop® versenden
- Multitouchgesten
- Suchfunktion
- AirPlay®

- Einführung Notizbücher
  - Basisstruktur
  - Wo schreibe ich Hausaufgaben hin?
  - Warum kann ich manche Bereiche verändern und manche nicht?
  - Einfügen von Bildern, Audiodateien, YouTube®-Videos, Handschrift, Text
- Praxisbeispiel:
  - Präsentation zu einem bestimmten Thema
  - kurzer Clip zu einem bestimmten Thema

Lehrkräfte gesucht

Sehr früh fingen wir an, Basics unserer Lernplattform und technische Grundlagen der Tablets in einer Art Minifortbildung, gekoppelt an andere Konferenzen, anzubieten. Wir wollten so Neugier wecken und ein niederschwelliges Angebot machen. Dies wurde zum Teil angenommen, zum Teil nicht. Auf der Suche danach, was wir noch verbessern könnten, bekamen wir die Rückmeldung, die Einarbeitung sei eben sehr aufwendig und man mache sie nur, wenn man das Wissen direkt anwenden könne. Daher intensivierten wir die Angebote vor allem in dem Zeitraum, in dem klar war, welche Lehrkräfte die zukünftigen Klassen 7, also die Projektklassen mit Tablets, unterrichten würden. Damit, und mit der Etablierung eines gemeinsamen (freiwilligen) Gesprächs- und Arbeitskreises, verbesserte sich die Teilnahme.

Der Gesprächskreis läuft regelmäßig weiter und ist benannt nach den Teilnehmenden, den „Pionieren für Zeitgemäßes Lernen" (PiZeLe). Wer jetzt über die Bezeichnung schmunzelt: Sie beinhaltet ein typisches Positiv-Framing, der schwäbische Auslaut „le" steht für die Regionalität und die Verkleinerung der eigentlich riesigen Aufgabe, den eigenen Unterricht in seinen Grundzügen zu hinterfragen.

In diesen Gesprächs- und Arbeitskreis laden wir regelmäßig Expertinnen und Experten von außen ein, die mit ihren Schulen bzw. ihrem Unterricht schon weiter sind und fachspezifische Tipps geben können. Daneben gibt es Runden, in denen Themen wie „Projektorientierung" oder „Diagnose" mit verschiedenen Tools im Mittelpunkt stehen.

1 Beispiel: Schulentwicklungsprozess zum Thema „Zeitgemäß Lernen"

Zwei Elemente zur Aktivierung haben bei uns noch gefruchtet: Die Koppelung an ein Mittagessen (von der Schule bezahlt) bzw. die Fortbildung während der Unterrichtszeit. Wenn Kolleginnen und Kollegen einen Oberstufenkurs unterrichten, der gerade eine Übungsphase gebrauchen kann, können wir im Nachbarraum ein Angebot für mehrere Lehrkräfte machen, die dadurch ihre Aufsichtspflicht nicht verletzen. So kommt die Fortbildung nicht immer „on top" und nimmt auch den letzten Ausreden die Grundlage.

Ein flankierendes Methoden- und Mediencurriculum zur Sicherung der Basics

Natürlich ergeben sich dadurch, dass mehr technische Möglichkeiten ein normaler Bestandteil des Unterrichts werden, ganz neue Fragestellungen und Anforderungen an gemeinsame methodische Grundlagen. Also überarbeiteten wir in einem ersten Schritt unser Methoden- und Mediencurriculum, das jetzt folgende Bestandteile hat:

Klasse 5	Teamwork – Rollenverteilung (drei Stunden)
	Präsentieren – Lernplakat (drei Stunden)
Klasse 6	Persönlichkeit – Umgang mit Stress und Leistungsdruck (drei Stunden.)
	Medien – Reflexion über Medienkonsum und Tagesstruktur
Klasse 7	Präsentieren – Präsentationstechnik, Feedback, Umgang mit Lampenfieber (drei Stunden), freie Rede
	Präsentieren – GFS-Formalia, Handout, Planung, GFS-Bewertungsbögen, Quellenangaben (drei Stunden)
Klasse 8	Recherchieren – Prüfung und Beurteilung von Quellen am Beispiel der eigenen GFS-Recherche
	Medien – Rechtsfragen
Klasse 9	Präsentieren – Besondere Formen (Kreativität)
	Motivation und Ziele formulieren
Klasse 10	Medien – Formatierung und Erstellen einer Hausarbeit, Zitation
	Medien – Medienethik anhand eines Buchs, Films oder einer Serie

(Zwischen-)Fazit des Projekts „Zeitgemäß Lernen"

Egal, was hier als Fazit steht: Es wird nach wenigen Monaten bereits überholt sein. Trotzdem präsentieren wir einige Eindrücke zum Stand Mitte 2019, drei Jahre nach Projektstart und ca. neun Monate nach Start der Praxisphase:

1. Viele Lehrkräfte haben sich auf den Weg gemacht, bei uns interessanterweise vor allem die älteren und erfahrenen, die die zeitlichen und vielleicht damit auch mentalen Kapazitäten haben, ihren Unterricht grundsätzlich zu hinterfragen. Gerade jüngere Kolleginnen und Kollegen tun sich noch schwer: Sie sind ja mit einem komplett anderen Bild von diesem Beruf gestartet, das nun direkt hinterfragt wird. Sind das jetzt ausreichend Personen, um eine „kritische Masse" zur Veränderung zu erreichen? Vielleicht noch nicht, aber diesen Zwischenschritt mit der Mischung aus analogen und digitalen Elementen, auch mit ganz traditionell unterrichtenden Lehrkräften, haben sich die Eltern gewünscht. Von daher können wir sehr zufrieden sein.
2. Wir haben es erfolgreich geschafft, eine App-Schlacht zu vermeiden. Die Konzentration auf zu Beginn wenige Apps und die Ausbildung dafür hat sich gelohnt. Erweitert wird im Laufe der Zeit automatisch. Geholfen hat dabei auch die pädagogische Perspektive des Projekts, nämlich zeitgemäße, projektorientierte Lernformen in den Mittelpunkt zu stellen und nicht den alten Unterricht zu digitalisieren.
3. Die Schülerinnen und Schüler haben es erfolgreich geschafft, das Tablet als Arbeitsgerät zu sehen, so das vorherrschende Feedback der Eltern. Eine gute Basis dafür war die Projektvereinbarung.
4. Die Eltern haben rückgemeldet, dass es vorher viele Konflikte mit Medien zu Hause gab und immer noch gibt, dass sie aber den Austausch mit der Schule in diesem Themenbereich sehr schätzen und aus dem anfänglichen Gefühl „Das jetzt auch noch!" ein Gefühl der Bereicherung geworden ist.
5. Zu Beginn mussten wir viele technische Fragen lösen, die die inhaltliche Arbeit überdeckt haben. Nach drei Monaten lief alles, wie es sollte.

Die nächsten Jahre werden wir sicherlich beständig nachsteuern müssen: Bei Fortbildungen, beim An-Bord-Holen von neuen Kolleginnen und Kollegen, beim Datenschutz, beim Austausch über unsere pädagogischen Konzepte usw. Es ist eine spannende Zeit, Lehrerin oder Lehrer zu sein. Wir konnten vermutlich noch nie so stark mitgestalten, mit welchen Grundlagen wir Schülerinnen und Schüler in die Welt da draußen entlassen, wie wenn wir das System Schule neu denken wollen.

2 Exkurs: Demokratie wagen

Die Texte, Überlegungen, Grundsätze und Beispiele dieses Buchs beziehen sich auf die Schule. Aber wir sind der Meinung, dass es hier eigentlich um ein so grundsätzliches Denken und so grundsätzliche Werte geht, dass sie sich auf viele andere Bereiche und Organisationen anwenden lassen.

Sehr interessant wäre es, die Leitkriterien z. B. in Kirchengemeinden, Parteien (vielleicht sind die das am ehesten gewohnt), Gewerkschaften, aber auch Firmen anzuwenden.

Letztlich geht es immer dabei um das Konzept „Mehr Demokratie wagen", welches Willy Brandt 1969 zu seinem Regierungsprogramm gemacht hat. Wir glauben, dass dies heute umso wichtiger ist, gerade im Angesicht vieler Entwicklungen, die in eine andere Richtung zu gehen scheinen. Wir müssen einen Prozess einleiten, der eine Beteiligungskultur für alle Organisationen zum wesentlichen Merkmal (eines demokratischen Systems) macht.

Insbesondere in noch stark hierarchisch geprägten Organisationen wie den Kirchen und älteren Firmen würden diese Ansätze zu einem Paradigmenwechsel führen, wenn nicht mehr in Gremien gedacht würde, wenn alle, die möchten, sich an wichtigen Prozessen so beteiligen könnten, dass alle ihre Kompetenzen und abweichenden Gedanken einbringen könnten, natürlich letztlich zum Wohle der jeweiligen Organisation. Es geht darum, den Grundsatz des „semper reformanda" („fortwährende Reform") in den Organisationen strukturell einzupflanzen. Wir denken, dass dies mithilfe der Leitprinzipien gelingen kann.

Doch nicht nur bei vergleichbaren Organisationen wie Schulen können die Leitprinzipien greifen, sondern auch bei übergeordneten Institutionen wie den Kultusministerien und der Kultusministerkonferenz (KMK) sowie bei anderen Formen von Partizipation in demokratischen Staaten:

A) Kultusministerium und Kultusministerkonferenz (KMK)

Dieses Denken würde für die Kultusministerien und die KMK, letztlich für jede Exekutive einen Paradigmenwechsel bedeuten. Wir wollen die Beteiligung von Betroffenen: Eltern, Lehrkräften, Schülerinnen und Schülern, Wirtschaft, Verbänden usw., weil wir für die bestmögliche Bildung auf diese Kompetenzen nicht verzichten wollen. Die KMK ist, so lange es ein föderales Bildungssystem in Deutschland gibt, eine ganz wichtige Struktur der Exekutive. Manchmal hilft es, ein paar Strukturmerkmale, die für viele gar nicht klar sind, darzustellen. Die KMK-Vereinbarung zur gymnasialen Oberstufe („Vereinbarung zur Gestaltung der gymnasialen Oberstufe und der Abiturprüfung", Beschluss der Kultusministerkonferenz vom 07.07.1972 i. d. F. vom 15.02.2018) sollte den Weg zum Abitur im wiedervereinigten Deutschland vergleichbar machen. So wurden formale Strukturen festgelegt: Anzahl Mindestwochenstunden in jedem einzelnen Fach, 265 Jahreswochenstunden (Unterricht bis zum Abitur), Anzahl Prüfungsfächer, Anzahl zu belegender Kurse, welche Fächer und Fachgruppen mit wie vielen Unterrichtsstunden mindestens vertreten sein müssen usw.

Gleichzeitig wurde festgelegt: Es darf Schulversuche geben, die in einzelnen Punkten der KMK-Vereinbarung widersprechen. Diese Schulversuche können aber nicht von einer Schule beantragt werden, sondern nur von einem Kultusministerium selbst. Gleichzeitig gibt sich die KMK eine Regel, dass Abweichen von der KMK-Vereinbarung nur mit Dreiviertelmehrheit genehmigt werden können. Außerdem wurde uns mitgeteilt: Niemand darf Anträge direkt an die Mitglieder auch von Unterausschüssen der KMK stellen. Protokolle der Sitzungen sind nicht öffentlich. Kein Verband wie die GEW, keine Elternvertretung wie der Bundeselternrat, auch nicht die Schülervertretungen der verschiedenen Bundesländer sind antragsberechtigt.

Die KMK scheint strukturell genau das Gegenteil zu leben, was für eine Bildung der Zukunft an Schulen wichtig zu sein scheint. Wir wollen, dass Schülerinnen und Schüler Demokratie erfahren und lernen, die KMK selbst aber entzieht sich jeder demokratischen Mitwirkung und Kontrolle. Es gibt noch nicht einmal ein Petitionsrecht. Kein Volksbegehren im eigenen Bundesland könnte hier greifen, weil es dann eigentlich ein Volksbegehren in vielen Bundesländern gleichzeitig geben müsste. Aber auch eine Petition an den Bundestag kann nicht greifen, weil der Bund dafür nicht zuständig ist. Wie also soll die Organisation, die für die Bildung und das Demokratielernen zuständig ist und Schülerinnen und Schülern zu mündigen Bürgerinnen und Bürgern und Demokratinnen und Demokraten erziehen will, das umsetzen, wenn sie selbst in ihren Strukturen alles tut, um diese Beteiligung zu verhindern?

Wie aber könnte eine diesen Leitprinzipien entsprechende KMK aussehen? Es müsste Denkfabriken geben, in die sich alle einbringen können, die dies wollen. Man hätte Prozesse, die transparent ablaufen, und die KMK würde sich echtes

Feedback von allen Beteiligten und Betroffenen wünschen, um daraus zu lernen. Auch Ausschüsse würden – sicher nicht jedes Mal, aber doch immer wieder – öffentlich tagen und öfters öffentliche Anhörungen veranstalten. Das würde letztlich, wie im ganzen Buch beschrieben, nicht so sehr die Entscheidungsbefugnis dieser Konferenz tangieren, wohl aber die Prozesse, mit denen Entscheidungen vorbereitet werden.

Übrigens ist ein wichtiger Aspekt, dass bei allem der „gebildete Dilettant", der Nichtexperte, die Bildungsinhalte hinterfragen kann, muss und darf und bei zu verabschiedenden Bildungsplänen und Abituraufgaben mitsprechen kann und soll. An dieser Stelle gehen die Überlegungen weit über das bereits von der Regierung geplante Projekt der Wiederauflage eines „Nationalen Bildungsrats" hinaus.

B) Mitwirkungsmöglichkeiten in der Demokratie

Man hat den Eindruck, es gebe immer mehr politische Mitwirkungsmöglichkeiten durch Volksabstimmungen, durch Bürger-App in Tübingen[83] oder andere Apps, die Bürgerinnen und Bürger bei bestimmten Vorhaben mitabstimmen lassen, und dadurch wäre mehr Mitwirkung garantiert. Gleichzeitig erleben wir aber, wie Demokratieverdrossenheit entsteht und populistische Parteien dies zu nutzen wissen.

Beispiel: Brexit

Ein aktuelles Beispiel dazu sind die Prozesse, die zum Brexit geführt haben. Auch hier lässt sich wieder zeigen: Diese Prozesse widersprechen eigentlich genau dem, was wir vorschlagen, nämlich: mehr Beteiligung in Entscheidungsprozessen, aber dann die Entscheidungsfindung in den dafür vorgesehenen Gremien.

In Großbritannien war es genau umgekehrt. Bei den einzelnen Prozessen, bei den die Menschen bewegenden Fragen, wurden sie nicht beteiligt. Sie wurden vor eine scheinbar einfache Frage gestellt: Soll Großbritannien in der EU bleiben oder nicht? Nun hat sich diese Frage im Nachhinein als hochkomplexe Frage herausgestellt: Was heißt das für Nordirland? Mit oder ohne Vertrag die EU verlas-

---

[83] Vgl. https://www.tuebingen.de/24162.html (28.10.2019).

sen? Wie sollen Handel, Zölle, Arbeit, Reisen usw. in Zukunft geregelt sein? All das zeigt nun: Die einfache Frage gibt es so nicht.

Weil die Menschen spürten, bei ganz vielen Entscheidungen der EU und der eigenen Länder nicht beteiligt zu sein, weil die Menschen spürten, die da oben treffen Entscheidungen, die so weit weg von uns sind, und wir sind diesen Entscheidungen hilflos ausgeliefert, haben keinerlei Mitgestaltungsmöglichkeiten, waren sie unzufrieden. Dieser Unzufriedenheit wird dann durch Volksabstimmungen begegnet, die aber letztlich, siehe Brexit, diese Unzufriedenheit aus strukturellen Gründen nicht bekämpfen können, sondern zu einer noch stärkeren Spaltung der Gesellschaft mit einer noch größeren Unzufriedenheit führen.

Wir haben mit unserem Konzept natürlich nicht die Lösung all dieser Probleme und es bedarf ganz eigener Überlegungen, wie Mitwirkung auf diesen Ebenen aussehen könnte, die mehr ist als eine Scheinbeteiligung. Aber uns scheint, dass der Wille dazu bei Politikern und Regierungen zunächst da sein müsste, damit die Weichen richtig gestellt werden.

Beispiel: Europa

Ein zweites aktuelles Beispiel macht die Notwendigkeit dieses Prozesses noch mehr deutlich: Jetzt, zu dem Zeitpunkt, wo wir die letzten Zeilen des Buchs schreiben, haben wir gerade die Europawahlen hinter uns – mit bahnbrechenden gesellschaftlichen Veränderungen und personellen Umbrüchen.

Das Phänomen von populistischen Parteien und ihr zunehmender Erfolg ist das eine, das Aufkommen der Jugendbewegung „Fridays for Future" das andere. Beide Strömungen haben die Wahlergebnisse wesentlich beeinflusst. Was bei aller grundsätzlichen Unterschiedlichkeit beide verbindet: Es gibt Bevölkerungsgruppen, die sich im politischen Prozess nicht wahrgenommen fühlen und bei denen der Eindruck entsteht, Politikerinnen und Politiker treffen ihre Entscheidungen, ohne wirklich wahrzunehmen, was für die Bürgerinnen und Bürger wichtig ist.

Welche Prozesse wären notwendig, dass diese Menschen sich einbringen wollen und einbringen können? Wir wollen nun nicht behaupten, dass wir schon die Antwort parat hätten, wie dies in der Gesellschaft zu realisieren wäre. Aber die Grundhaltung, dass die Anliegen der Bürger gehört und aufgegriffen werden, und der Wunsch, dass es Formen gibt, wie sie ihre Kompetenzen – jenseits von Volksabstimmungen – in Entscheidungsprozesse einbringen sollen und können, diese Grundhaltung war bisher bei vielen Parteien und Regierungen nicht zu spüren – gerade und besonders auch in den Strukturen der EU.

Wir brauchen in unserer Gesellschaft in allen gesellschaftlichen Gruppen und auf allen Ebenen diese Veränderung. Es ist für jede Organisation ein großer Verlust, wenn die Energien und die Kompetenzen der Menschen, die sich gerne beteiligen wollen, nicht ernst genommen werden, sondern nur durch Scheinbeteiligung abgespeist werden. Diese Agilität, dass eben Gremien, Ausschüsse und Parlamente – Entscheidungsträger insgesamt – nicht mehr die alleinigen Gestalter von Prozessen sind, diese Agilität, dass Hierarchien in unserer Gesellschaft weniger wichtig werden, diese Agilität, dass wir die Kompetenzen und Energien jedes und jeder Einzelnen ernst nehmen und uns davon auch infrage stellen lassen, ist für die Zukunft unseres Landes von entscheidender Bedeutung. Davon sind wir fest überzeugt.

Nachbemerkung

Liebe Leserin, lieber Leser,

Vieles haben Sie nun gelesen und vielleicht die eine oder andere neue Idee – das ist unsere Hoffnung –, aber auch die Möglichkeit für sich entdeckt, ein paar Dinge davon zu verwirklichen: „Wie könnte es gehen?"

Wir freuen uns über jedes Feedback – kritisch konstruktiv oder bestätigend.

Matthias Förtsch	matthias.foertsch@gmx.net www.schulentwicklung.blog Twitter®: @herr_foertsch
Friedemann Stöffler	schulentwicklung@stoefflers.de www.schulentwicklung-beratung.de

Anhang

PLANUNGSPHASE

Wann	Was	Warum	Wer
ab 2015	erste Versuche mit einer Lernplattform in einzelnen Kursen	Software und Hardware (WLAN) auf Nutzung in der Breite testen: Einfach? Von allen bedienbar?	einzelne Kurslehrkräfte, die dazu bereit sind
Juli – Dezember 2016	Hospitationen an anderen Schulen	Inspiration, Irritationen	möglichst viele Kolleginnen und Kollegen
September 2016	Besuch der Tagung des „Forums Bildung Digitalisierung" in Berlin	Austausch mit Schulen, die weiter sind; Vernetzung, Anbahnung von Hospitationsmöglichkeiten	IT-Verantwortlicher, Schulentwickler
Dezember 2016	Schulentwicklungstagung „Firstwald 2025" als Kick-off	gemeinsames Bild von Schule und Lernen im 21. Jahrhundert entwickeln	Schulentwickler, Schülerinnen und Schüler, Eltern, Lehrkräfte
Januar 2017	Ergebnisse der Tagung „Firstwald 2025" werden in einem „Forum Schulentwicklung" präsentiert und diskutiert.	Eltern werden über die Tagung hinaus in das Projekt involviert, können Kritik äußern und Ideen einbringen.	alle interessierten Eltern, Schulentwickler, Schulleitung
Februar 2017	Elternbeirat: erste Diskussion der Ideen aus der Tagung „Firstwald 2025" und dem „Forum Schulentwicklung"	Elternbeirat als „Verteiler" des aktuellen Gesprächsstands, Feedback	gewählte Elternvertreter, Schulleitung, Schulentwickler

Wann	Was	Warum	Wer
März 2017	Pädagogischer Tag: Herausforderungen und Möglichkeiten der Digitalisierung für eine evangelische Schule (als Barcamp)	gesellschaftlichen Paradigmenwechsel durch Digitalisierung verdeutlichen, Kolleginnen und Kollegen „mitnehmen"	Referent: Axel Krommer; Kolleginnen und Kollegen
September 2017	Start der Nutzung eines Leihsatzes Tablets in Klasse 7 (in Informatik), dieselben Geräte, die später für die 1:1-Ausstattung angeschafft werden sollen	Test der Infrastruktur im Haus, Test der Herausforderungen, die sich beim Umgang im Unterricht ergeben	Informatiklehrer in Klasse 7, IT-Verantwortlicher
Mitte Dezember 2017	Elterninfoabend zum Projekt „Zeitgemäß Lernen"	Kommunikation erster Gedanken nach der Tagung, Einbezug der Eltern der betroffenen Klassen 7, Einladung zum „Forum Schulentwicklung"	Schulentwickler, IT-Verantwortlicher, Schulleitung, Eltern der Klassen 7, Schülerinnen und Schüler
ab Januar 2018	kleine, informelle Fortbildungsangebote (Kurskiosk)	für Kolleginnen und Kollegen, die sich vorstellen können, im Folgejahr in der Klasse 7 zu unterrichten	Schulentwickler, IT-Verantwortlicher
Anfang Januar 2018	Gespräche mit dem Träger	Klärung der Finanzierung im Projekt und darüber hinaus Grundlage: pädagogische Konzeption zum Projekt	Träger, Schulleitung, Schulentwickler
Ende Januar 2018	Konvent	Diskussion der Rahmenbedingungen für das Projekt und Freigabe	Schülerinnen und Schüler, Lehrkräfte, Schulleitung

Durchführungsphase

Wann	Was	Warum	Wer
Februar 2018	Elternbeirat	Diskussion der Ideen aus dem „Forum Schulentwicklung", Sicherstellung der Information aller Eltern über den Projektstatus, Beschluss der Eltern, das Projekt zu unterstützen	Eltern, Schulleitung
Februar 2018	Schulkonferenz	Freigabe des Projekts	Elternvertreter, Schülervertreter, Lehrervertreter, Schulleitung
Februar – April 2018	offene Arbeitsgruppe zum Projekt „Zeitgemäß Lernen", mehrere Sitzungen	Planung einer gemeinsamen Projektvereinbarung, die die Verantwortlichkeiten aller Gruppen festlegt	Eltern, Schülerinnen und Schüler (vornehmlich der Klassen 7, die zunächst betroffen sind), Schulentwickler

DURCHFÜHRUNGSPHASE

Wann	Was	Warum	Wer
Juni 2018	Einführungsveranstaltung für Eltern, Schülerinnen und Schüler	Ausgabe der Tablets, technische Einführung, Besprechung pädagogischer Entscheidungen	Eltern, Schülerinnen und Schüler, Klassenlehrerinnen und -lehrer
Juli 2018	Einführung für Schülerinnen und Schüler	Arbeitsweise mit einem Tablet kennenlernen, Learning-Management-System (LMS) kennenlernen und nutzen können, erste pädagogische Rahmensetzung	Klassenlehrerinnen und -lehrer, Projektleiter „Zeitgemäß Lernen" (IT-Verantwortlicher, Schulentwickler)

Wann	Was	Warum	Wer
Juli 2018	zweitägige Schlussklausur des Kollegiums	Einführung der Lehrkräfte in die Technik und die pädagogischen Grundlagen, Etablierung der Arbeitsgruppe „PiZeLe" (Pioniere Zeitgemäßen Lernens)	Kolleginnen und Kollegen
ab September 2018	regelmäßige Treffen der „PiZeLe"	Unterstützung für Lehrkräfte, die sich auf den Weg machen möchten, Ideenaustausch, Entwicklung gemeinsamer Regeln	externe Referentinnen und Referenten (auch mit Fachbezug), IT-Verantwortlicher, Schulentwickler
September 2018	die Klassen 7 starten im Projekt „Zeitgemäß Lernen" mit der 1:1-Ausstattung	erster Testjahrgang	Klassen- sowie Fachlehrerinnen und -lehrer
Januar 2019	Elternabende: erste Evaluation des Projekts	Feedback der Eltern zur aktuellen Arbeitsweise, nachsteuern, wo nötig	Eltern, Klassenlehrerinnen und -lehrer
Februar 2019	Elterninfoabend als Barcamp	Start des neuen Projektzyklus mit der Information der nächstbetroffenen Eltern und Schülerinnen und Schüler	Schulleitung, Schülerinnen und Schüler der jetzigen Klassen 7, Eltern, Klassenlehrerinnen und -lehrer der jetzigen sowie der zukünftigen Klassen 7

Übergabe Elternabend: Aufgaben

Einführung in das iPad® als Arbeitsmittel

Sie halten nun ein neues Arbeitsmittel Ihres Kindes in den Händen: Zeit, sich damit etwas vertraut zu machen. Sollten Sie die Aufgabe nicht bewältigen können, lassen Sie sich entweder von Nachbarn helfen oder scannen Sie den QR-Code neben der Aufgabe, hinter dem sich ein Tipp verbirgt.

Aufgabe 1: Lernplattformaccount aktivieren

Suchen und öffnen Sie die App „XXX". Loggen Sie sich mit den erhaltenen Zugangsdaten ein.

Aufgabe 2: QR-Code scannen

Öffnen Sie die Kamera-App auf dem iPad®. Halten Sie die Kamera nun in Richtung des nachfolgenden QR-Codes. Wenn oben auf dem Bildschirm im Banner ein Lob zu lesen ist, haben Sie richtig gescannt. Sie können bei den QR-Codes der nächsten Aufgaben auch auf dieses Banner klicken, um z. B. ein dahinterliegendes Video zu schauen oder einfach einem Link zu folgen.

 QR-Code zum Testen

Aufgabe 3: Passcode einrichten

Richten Sie einen Passcode (sechsstellige Nummer) für das iPad® ein. Sie können bei der Gelegenheit auch entscheiden, ob Sie einen Fingerabdruck (von Ihnen oder Ihrem Kind) speichern wollen, um das Gerät schneller entsperren zu können. Die Informationen werden nur auf einem Chip auf dem Gerät selbst gespeichert, nicht an amerikanische Server übermittelt. Tipp: Alle Einstellungen können Sie mit der App „Einstellungen" vornehmen. Dort den Menüpunkt

„Touch ID & Code" suchen und „Code aktivieren" und/oder „Fingerabdruck hinzufügen" auswählen. Merken Sie sich Ihren Code!

Aufgabe 4: Zwei Fenster gleichzeitig öffnen

Wenn man gleichzeitig etwas lesen und dazu noch Notizen machen will, braucht man Multitaskingfunktionen, also z. B. zwei geöffnete Fenster nebeneinander.

 Und so geht's (Hilfe hinter dem QR-Code)

Aufgabe 5: Eine Nachricht per Lernplattformchat schreiben

Öffnen Sie die Chat-App „XXX". Schreiben Sie eine Chatnachricht an Ihren Sitznachbarn. Klicken Sie dafür auf „Chat" (unten in der Menüleiste), dann oben auf das kleine viereckige Symbol mit dem Stift drin. Dann sollte dort „An:" stehen. Tippen Sie den Namen des Kindes Ihres Sitznachbarn ein. Dann geben Sie rechts unten die neue Nachricht ein und senden sie per Druck auf das Dreieck ab. Machen Sie doch einfach ein schönes Kompliment.

Aufgabe 6: Ein Foto vom Tafelanschrieb oder einem Whiteboard machen

Fotografieren Sie mit der App „XXX" ein Whiteboard oder eine Tafel ab (oder nach Wunsch ein Dokument, dafür im Kameramodus die Einstellung am unteren Bildrand auf „Dokument" ändern) und speichern Sie das Ergebnis. Das Bild sollte automatisch zugeschnitten werden, wenn Sie den richtigen Modus wählen.

Wählen Sie dazu „Einfügen" und dann das „Kamera"-Symbol.

Bonusaufgabe: Einen kleinen Videoclip mit Clips® drehen

Thema: Die Freuden dieses Elternabends

Die App macht eine kleine Einführung, sodass man alle wesentlichen Schritte erlernt.

Gemeinsamer Abschluss des Tages: Kahoot®

Rufen Sie im Browser Safari® (Symbol mit dem Kompass) die Seite www.kahoot.it auf. Geben Sie den Code, den sie erhalten, ein und spielen Sie mit.

Bildnachweis

Cover: © Rawpixel.com. Adobe Stock

S. 17 Vogelformationsflug © Naj. Adobe Stock

S. 19: Grafik Schulentwicklung: Satzpunkt Ursula Ewert GmbH, Bayreuth

S. 34: Sogenannter Accipies-Holzschnitt aus *Copulata tractatuum Petri Hispani etiam parvorum logicalium et syncategorematum cum textu*. Köln: Heinrich Quentell

S. 49: Kosmos © Creativemarc. Adobe Stock

S. 58: Bäume von unten © Stephen Davies Adobe Stock

S. 61: Konferenztisch © lucy dp Adobe Stock

S. 66: Labyrinth © abyaberkut Adobe Stock

S. 71: Segelboot © Aintschie Adobe Stock

S. 75: Wasserzufluss © pixelmixel Adobe Stock

S. 79: Nordic Walking © michelangeloop Adobe Stock

S. 84: Boxhandschuhe © Guiseppe Porzani

S. 91: Kind mit Flügeln © vectorfusionart Adobe Stock

S. 94: Mann mit Rucksack © dbunn. Adobe Stock

S. 104: Bildungsziele – Unterricht © Matthias Förtsch

S. 112: Twitterbild © Matthias Förtsch

S. 115: Padlet © Matthias Förtsch